초등
국어
문법이
쓰기다

2

〈초등 국어 문법이 쓰기다〉, 이런 책입니다.

직접 쓰며 마무리하는 초등 국어 문법

〈초등 국어 문법이 쓰기다〉는 초등학교 5~6학년 국어 교과서와 중학교 1학년 국어 교과서의 **문법 내용을 총정리**하고, 배운 내용을 완결된 문장으로 직접 써 보며 **문법에 맞는 쓰기**를 함께 연습할 수 있는 통합 교재입니다.

재미있고, 쉽게, 단계적으로

재미있는 **일상 속 글과 그림**으로 개념을 접하고, 단어에서 단순한 문장, 복잡한 문장, 지문 순서로 이어지는 **단계적 문제 풀이**로 어려운 문법 개념을 쉽게 익힐 수 있도록 구성했습니다.

개념을 익히고 나면, **문법에 맞는 문장을 직접 써 보며** 배운 내용을 마무리할 수 있습니다.

교과 연계 지문과 어휘를 한 번에

문제와 보기에서 다룬 단어로는 초등 5~6학년 국어 **교과서 어휘**를 다수 수록했습니다. 단어의 뜻풀이는 모두 국립국어원 〈표준국어대사전〉을 참고해 학습자의 수준에 맞도록 일부를 가공했습니다.

지문으로는 국어, 사회, 과학, 일상생활 등 초등 고학년에서 예비 중학생 수준의 **교과 내용과 연계한 다양한 주제의 글**을 수록했습니다. 지문을 읽으며 교과와 연계된 다양한 주제의 배경지식을 함께 쌓을 수 있습니다.

문법을 익히면 국어 실력이 쑥쑥

중·고등학교에서 배우는 국어 문법은 초등학교 내용을 심화해 다루는 것이 많습니다. 따라서 미리 초등 국어 교과에서 다루는 문법을 탄탄히 다지는 것이 중요합니다. 〈초등 국어 문법이 쓰기다〉는 2015 교육과정 개정안의 초등학교 5~6학년군 국어과 **단원별 성취 기준**을 바탕으로 했으며, 심화 내용은 중학교 1~3학년군 국어과 문법을 참고했습니다. 어렵고 생소한 국어 문법 개념을 쉽고 단계적으로 정리하며, 중·고등학교 국어 문법과 문장 쓰기 연습의 기초를 다질 수 있도록 구성했습니다.

구성과 특징

개념을 만나고

● 다양한 그림을 통해
쉽고 재미있게 개념 학습

단계적으로 익히고

● 단어 → 문장 → 지문으로
이어지는 단계적 문제 풀이
● 마지막 문제는
문장 쓰기 유형으로 서술형 대비

| 단어 | 문장 | 지문 |

직접 쓰며 마무리하자!

● 문법에 맞는 문장 직접 써 보기
● 짧은 문장 → 긴 문장으로
이어지는 쓰기 연습
● 나만의 문장 쓰기 코너로
단원 마무리

| 짧은 문장 | 긴 문장 | 나만의 문장 |

차 례

단원	초등 교과 연계	중·고등 교과 연계
1. 단어의 체계와 양상	초등 국어 4-2 5. <의견이 드러나게 글을 써요>	중등 국어 1-1, 1-2 <어휘의 체계와 양상>
2. 문장의 문법 요소①	초등 국어 6-1 3. <짜임새 있게 구성해요> 초등 국어 6-2 7. <글 고쳐 쓰기>	고등 국어 - 언어와 매체 <문법 요소>
3. 문장의 문법 요소②	초등 국어 5-2 4. <겪은 일을 써요> 초등 국어 6-2 7. <글 고쳐 쓰기>	고등 국어 - 언어와 매체 <문법 요소>
4. 관용 표현	초등 국어 6-1 5. <속담을 활용해요> 초등 국어 6-2 2. <관용 표현을 활용해요>	중·고등 국어 전반에서 어휘 다수 수록
5. 우리말 바르게 읽고 쓰기	초등 국어 4-1 9. <자랑스러운 한글> 초등 국어 6-2 7. <글 고쳐 쓰기>	중등 국어 2학년 <단어의 정확한 발음과 표기> 고등 국어 - 언어와 매체 <표준 발음법> <한글 맞춤법>

문법 개념은 초등 교과에서 배운 내용이 중·고등 문법에서 다시 등장합니다. 미리 잘 공부해 두면 중·고등 국어 예습이 될 수 있겠죠?

1단원

단어의 체계와 양상

❶ 고유어·한자어·외래어
❷ 사회 방언·지역 방언

우리말 어휘의 체계와, 단어가 쓰이는 양상을 알아요.

우리말 어휘는 그 단어가 어디에서 온 말인지에 따라
고유어, 한자어, 외래어로 나뉘어요.
또 방언은 어떤 집단에서 사용되는지에 따라
지역 방언과 사회 방언으로 나눌 수 있지요.

고유어	한자어	외래어
바지	모자[帽子]	티셔츠(T-shirt)
수레	기차[汽車]	버스(bus)
집	주택[住宅]	호텔(hotel)

교과 연계

초등 국어 4-2 5. 〈의견이 드러나게 글을 써요〉   →   중·고등 중등 국어 1-1, 1-2
                                                              〈어휘의 체계와 양상〉

고유어·한자어·외래어

일상에서 나타나는 문법

> 난 **김밥**이랑 **물**을 살래.

> 나는 **만두**와 **우유**를 고를래.

> 나는 **빵**과 **주스**가 좋아!

개념 만나기

고유어
순우리말

김밥이랑 **물**

'김밥'과 '물'은 순우리말 또는 그 말을 바탕으로 하여 만들어진 말입니다.

한자어
한자를 바탕으로 하여 만들어진 말

만두와 **우유**

'만두[饅頭]'와 '우유[牛乳]'는 한자를 바탕으로 하여 만들어진 말입니다.

외래어
다른 나라 말을 빌려 와서 우리말처럼 쓰는 말

'빵(pão)'과 '주스(juice)'는 외국에서 들어와 우리말처럼 쓰이게 된 말입니다.

빵과 **주스**

고유어 : 순우리말, 또는 그 말을 바탕으로 하여 만들어진 말

바지

고유어는 본래 순우리말에 있었거나, 그 말을 바탕으로 하여 새로 만들어진 말을 가리킵니다. 우리 고유의 정서와 문화가 담긴 말이므로 가꾸고 지키려는 노력을 해야 합니다.

단어로 개념 알기   **1**   바른 설명이 되도록 ○표 하세요.

1   '**하늘**'은 | (순우리말) | 한자로 만들어진 말 | 다른 나라 말을 빌려 온 말 | 이므로

(고유어) | 한자어 | 외래어 | 입니다.

2   '**바다**'는 | 순우리말 | 한자로 만들어진 말 | 다른 나라 말을 빌려 온 말 | 이므로

고유어 | 한자어 | 외래어 | 입니다.

외래어 : 다른 나라 말을 빌려 와서 우리말처럼 쓰는 말

티셔츠(T-shirt)

외래어는 우리나라에는 원래 없었다가 다른 나라 문화를 통해 들어온 것을 표현하는 데 주로 쓰입니다. 따라서 바꾸어 쓸 수 있는 고유어가 없는 경우가 많습니다.

한자어 : 한자를 바탕으로 하여 만들어진 말

모자[帽子]

한자어는 한자를 바탕으로 하여 만들어진 말입니다. 한자는 문자 하나하나가 각각의 뜻을 가진 글자이기 때문에, 짧은 표현으로 많은 정보를 담을 수 있습니다.

2 바른 설명이 되도록 ○표 하세요.

1

'**학교**'는 | 순우리말 | 한자로 만들어진 말 | 다른 나라 말을 빌려 온 말 | 이므로
(學校)

| 고유어 | 한자어 | 외래어 | 입니다.

2

'**생일**'은 | 순우리말 | 한자로 만들어진 말 | 다른 나라 말을 빌려 온 말 | 이므로
(生日)

| 고유어 | 한자어 | 외래어 | 입니다.

3 바른 설명이 되도록 ○표 하세요.

'**호텔**'은 | 순우리말 | 한자로 만들어진 말 | 다른 나라 말을 빌려 온 말 | 이므로
(hotel)

| 고유어 | 한자어 | 외래어 | 입니다.

4 밑줄 친 말이 무엇에 해당하는지 고르세요.

---

1 언니가 **원피스**를 샀다.
(one-piece)
(고유어) (한자어) (⃝외래어⃝)

---

2 **물**이 참 시원하다.
(고유어) (한자어) (외래어)

---

3 나는 이 **주택**에 산다.
(住宅)
(고유어) (한자어) (외래어)

---

4 **컴퓨터**가 고장이 났다.
(computer)
(고유어) (한자어) (외래어)

---

5 다음 밑줄 친 말은 모두 한자어입니다. 이 한자어와 바꾸어 쓸 수 있는 고유어를 <보기>에서 찾아 쓰세요.

---

1 **이유**가 무엇이니?
(   )

---

2 **토지**가 매우 비옥하다.
(   )

---

3 **아동**을 보호해야 한다.
(   )

---

4 **가격**이 너무 비싸다.
(   )

보기   땅 / 값 / 까닭 / 어린이

6 밑줄 친 말이 고유어인지, 한자어인지, 외래어인지 쓰세요.

1 남산 타워에서 보는 서울의 **하늘**은 참 아름답다. ( )

2 재현이는 정류장에서 한참 동안 **버스**를 기다렸다. ( )

3 10세 미만의 **아동**은 이 놀이기구를 탈 수 없다. ( )

4 식빵 위에 **버터**를 바르고 구우면 더욱 맛이 있다. ( )

7 밑줄 친 말들 중 고유어가 아닌 것을 모두 찾아 X표 하세요.

1 서진이가 동생의 **생일** 선물로 파란색 **스웨터**를 샀다.

2 이 시간에는 **어린이**를 위한 **라디오** 방송이 송출된다.

3 저녁에는 **패스트푸드**점에 가서 **햄버거**를 먹고 싶다.

4 **토지 값**이 껑충 오르는 바람에 그는 큰 부자가 되었다.

8 다음 글을 찬찬히 읽어 보고, 앞서 배운 개념을 떠올리며 물음에 답하세요.

오페라는 바로크 **시대**에 유럽에서 발달한 종합 무대 예술의 한 **장르**입니다. 연극과 **음악**이 결합된 음악극의 **형태**로, 1600년경 이탈리아 (가)**피렌체에서 최초로** 공연되었습니다. 오페라는 17세기에 전 유럽의 음악사에 영향을 끼쳤으며, 대부분의 유럽 국가에서 크게 유행하였습니다. <마술 피리>, <세비야의 이발사> 등이 대표적인 작품입니다.

오페라는 모든 대사가 노래로 이루어져 있어, 작품 전체가 음악으로 작곡되어야 합니다. 등장인물들의 노래가 이야기를 끌어가며, 이는 오페라가 뮤지컬과 구분되는 특징입니다. 이야기가 중심이 되며 율동이 많은 뮤지컬과 달리, 오페라는 음악이 중심이 되며 무대에서의 동작이 많지 않습니다.

예술/ 관련 주제: 다양한 문화권의 음악과 특징 (초등 음악)

---

1 밑줄 친 말들 중 외래어를 찾아 쓰세요. ( )

---

2 (가)의 한자어를 <보기>와 같이 고유어로 바꾸어 쓰세요.

보기 모든 대사가 노래로 구성되어 → 모든 대사가 노래로 이루어져

피렌체에서 최초로 → 피렌체에서 ( )

---

3 다음은 윗글에 나온 단어를 나열한 것입니다. 이 중 고유어를 찾아 ✓표 하고, 이 말을 사용해 윗글의 내용과 일치하는 문장을 완성하세요.

☐ 노래
☐ 작품
☐ 작곡
☐ 뮤지컬

문장 쓰기: 오페라는 ( ).

※ 서로 바꾸어 쓸 수 있는 고유어와 한자어 알고 사용하기

❶ 밑줄 친 **한자어**를 **고유어로 바꾼 것**을 찾아
○표 하고, ○한 말을 넣어 완전한 문장을
쓰세요.

❷ 밑줄 친 **고유어**를 **한자어로 바꾼 것**을 찾아
○표 하고, ○한 말을 넣어 완전한 문장을
쓰세요.

---

1 **불시에** 찾아오지 마.

(갑자기)

(빠르게)

→ 갑자기 찾아오지 마.

---

1 틀린 글자를 **고치다**.

(바꾸다)

(수정하다)

→

---

2 나는 짬뽕을 **주문할래**.

(시킬래)

(만들래)

→

---

2 그때 네 **마음**은 어땠니?

(심정)

(호감)

→

---

3 **환희**의 함성이 들렸다.

(슬픔)

(기쁨)

→

---

3 모든 준비가 **끝났다**.

(시작됐다)

(완료됐다)

→

---

❸ 다음 밑줄 친 **고유어**의 뜻풀이를 보고,
바꾸어 쓸 수 있는 **한자어**를 넣어 문장을 완성하세요.

---

1 피치 못할 **일**이 있었다. (→ 처한 형편이나 **사정**)

→ 피치 못할 　사정　 이 있었다.

---

2 나는 해외에 가 본 **일**이 없다. (→ 과거의 **경험**)

→ 나는 해외에 가 본 　　　　　 이 없다.

---

3 **일**이 있어 늦었다. (→ 처리해야 할 **문제**)

→ 　　　　　 가 있어 늦었다.

---

❹ 밑줄 친 말은 모두 **한자어**를 사용한 것입니다.
같은 뜻이 되도록 **고유어**로 고쳐 쓰세요.

---

1 앞차를 **추월했다**. → 앞차를 　　　　　 .

---

2 자전거를 **수리했다**. → 자전거를 　　　　　 .

---

3 **국가**를 대표하다. → 　　　　　 를 대표하다.

---

2 사회 방언·지역 방언

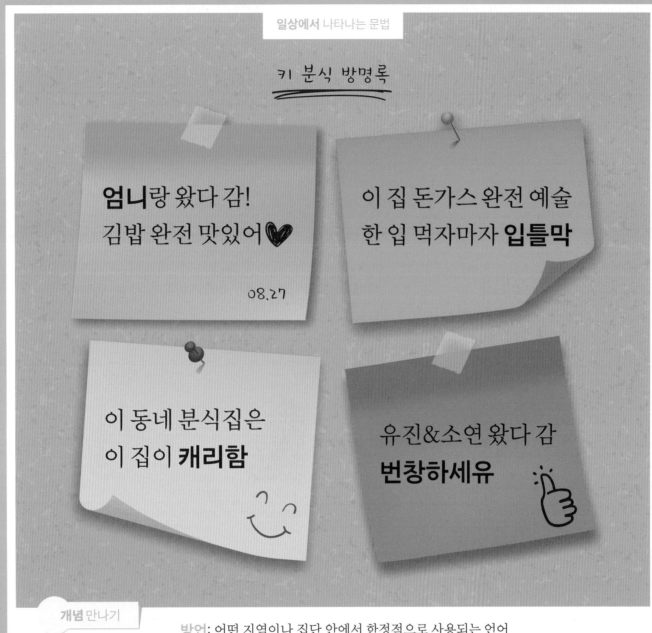

일상에서 나타나는 문법

키 분식 방명록

엄니랑 왔다 감!
김밥 완전 맛있어♥

08.27

이 집 돈가스 완전 예술
한 입 먹자마자 **입틀막**

이 동네 분식집은
이 집이 **캐리함**

유진&소연 왔다 감
번창하세유

개념 만나기

방언: 어떤 지역이나 집단 안에서 한정적으로 사용되는 언어

사회 방언 세대나 사회 집단 등에 따라 다르게 쓰는 말	'입틀막'은 '입을 틀어막다', '캐리하다'는 '팀을 승리로 이끌다'를 의미하는 온라인 용어입니다.	**입틀막** **캐리함**
지역 방언 지역에 따라 다르게 쓰는 말	'엄니'는 경기·경남·전라·충남 지역에서 '어머니'를, '번창하세유'는 충청 지역에서 '번창하세요'를 뜻하는 말입니다.	**엄니랑** **번창하세유**

사회 방언: 세대나 사회 집단 등에 따라 다르게 쓰는 말

현질/GG
(게임 용어: 현금으로 아이템 사기/게임 포기)

사회 방언은 세대, 사회 집단, 직업, 성별 등 다양한 사회적 요인에 따라 다르게 쓰는 말을 가리킵니다. 그 집단에 속하지 않은 사람들에게 사용했을 때 의사소통에 어려움이 생길 수 있으므로, 사용 시 주의해야 합니다. 전문어와 은어 등이 사회 방언에 속합니다.

단어로 개념 알기   **1**   바른 설명이 되도록 ○표 하세요.

1

'**생파**'는 | 지역 | 세대나 사회 집단 | 에 따라 다르게 쓰는 말이므로
(온라인 용어: 생일 파티)

| 지역 방언 | 사회 방언 | 입니다.

2

'**변론**'은 | 지역 | 세대나 사회 집단 | 에 따라 다르게 쓰는 말이므로
(법률 용어: 주장이나 진술)

| 지역 방언 | 사회 방언 | 입니다.

지역 방언: 지역에 따라 다르게 쓰는 말

아배/아바이
('아버지'의 지역 방언)

지역 방언이란 오랜 시간이 흐르면서 지역에 따라 다르게 쓰게 된 말을 가리킵니다. 우리말 어휘를 풍부하게 하고, 그 지역의 고유한 문화와 정서를 느낄 수 있게 하며, 같은 지역 사람들끼리 친밀감을 느끼게 한다는 특징이 있습니다.

어레스트/코드 블루
(의료 전문어: 심장이 멈춤/긴급 상황)

넙대/진대마니
(심마니 은어: 곰/뱀)

전문어는 특정 분야에서 전문적인 개념을 나타내는 데 쓰는 말로, 효율적인 업무 수행을 돕습니다.
은어는 다른 사람들이 알아듣지 못하게 집단 구성원들끼리 쓰는 말로, 비밀을 유지하거나 친밀감을 높이는 역할을 합니다.

2 바른 설명이 되도록 ○표 하세요.

1

'**안단테**'는 특정 분야에서 전문적인 개념을 나타내기 위해 쓰는 말이므로
(음악 용어: 느리게 연주하라)

| 전문어 | 은어 | 입니다.

2

'**넙대**'는 다른 사람이 알아듣지 못하게 집단 구성원들끼리 쓰는 말이므로
(심마니 용어: 곰)

| 전문어 | 은어 | 입니다.

3 바른 설명이 되도록 ○표 하세요.

'**정구지**'는 | 지역 | 세대나 사회 집단 | 에 따라 다르게 쓰는 말이므로
('부추'의 경상·전북·충청 방언)

| 지역 방언 | 사회 방언 | 입니다.

4 밑줄 친 말이 무엇에 해당하는지 고르세요.

---

1 빨리 **갖고 온나**.　　　　　　　　　(지역 방언)　　(사회 방언)

---

2 **GG** 치고 나가자.　　　　　　　　　(지역 방언)　　(사회 방언)

---

3 **코드 블루**입니다.　　　　　　　　　(지역 방언)　　(사회 방언)

---

4 이번 추석에 **갈게유**.　　　　　　　　(지역 방언)　　(사회 방언)

---

5 밑줄 친 사회 방언의 뜻풀이를 참고하여, 이 말이 무엇에 해당하는지 고르세요.

---

1 나무에 **진대마니**가 있다.　　　　　　(전문어)　　(은어)
(→ 심마니들끼리 뱀을 이르는 말)

---

2 이 그림은 **드리핑** 기법을 썼다.　　　(전문어)　　(은어)
(→ 붓을 쓰지 않고 물감을 떨어뜨리거나 뿌리는
기법을 뜻하는 미술 용어)

---

3 **크레셴도** 표시에 주의하세요.　　　　(전문어)　　(은어)
(→ 더 세게 연주하라는 뜻의 음악 용어)

---

6 밑줄 친 말이 사회 방언이면 ○, 지역 방언이면 △표 하세요.

1 갑자기 아이템이 늘어난 걸 보니 어제 **현질** 좀 했구나?

2 이 부분에서 피아노는 **데크레셴도**로 연주하는 게 좋겠어.

3 **선상님**, 꼭 여쭤볼 것이 있어 여기까지 찾아왔습니다.

4 그 변호사는 가난한 시민을 위해 무료로 **변론**을 맡았다.

7 밑줄 친 말에 해당하는 설명을 <보기>에서 찾아 기호를 쓰세요.

1 정우야, 옷을 그렇게 입으니까 못 **알아보겠다잉**.   (   )

2 수술 중 심정지가 있어 **CPR**을 진행했습니다.   (   )

3 심마니들끼리 '**넙대**'라는 말을 쓰던데 무슨 뜻일까?   (   )

> 보기
>
> ㉠ 그 지역의 고유한 정서와 문화를 느낄 수 있다.
> ㉡ 그 분야의 사람들이 일을 효율적으로 할 수 있게 한다.
> ㉢ 구성원들 사이의 비밀을 유지하기 쉽다.

8 다음 글을 찬찬히 읽어 보고, 앞서 배운 개념을 떠올리며 물음에 답하세요.

의학 드라마를 보면 의료인들이 다양한 **전문어**를 사용하는 모습을 볼 수 있습니다. ER, CPR, 어레스트, 오퍼러빌리티, 코드 블루 등 종류도 무척 다양합니다.

병원에서 전문어를 많이 사용하는 까닭은 전문어를 사용했을 때 의료인들이 빠르고 효율적으로 정보를 주고받을 수 있기 때문입니다. 병원은 응급 상황이 자주 발생하고 환자의 생명을 다루는 곳이므로, 정확하고 신속한 의사소통이 필요합니다. 전문어는 짧은 단어로 상황을 명확하고 자세하게 전달할 수 있어 이와 같은 환경에 매우 효율적입니다. 단 용어가 어렵고 생소하기 때문에, 비전문가와 대화할 때에는 전문어를 쉽게 풀어 설명해야 합니다.

국어 생활/ 관련 주제: 언어는 다른 사람과 관계를 맺는 수단임을 이해하기 (초등 국어)

---

1 밑줄 친 '전문어'에 대해 바르게 설명한 친구의 이름을 쓰세요. (   )

형준: 그 지역의 고유한 문화와 정서를 느낄 수 있는 말이야.

유영: 집단 내의 비밀을 유지하는 데 효과적인 말이야.

혜윤: 사회 집단에 따라 다르게 쓰는 말이므로, 사회 방언에 속해.

---

2 전문어의 특성 한 가지를 윗글에서 찾아 쓰세요.

(   )

---

3 윗글을 참고하여, 전문어를 사용했을 때 나타날 수 있는 문제점을 한 가지 쓰세요.

문장 쓰기:

※ 지역 내에서 사용되는 방언의 뜻 알고 쓰기
※ 사회 집단 내에서 사용되는 방언의 뜻 알고 쓰기

❶ 밑줄 친 말의 **지역 방언**을 찾아 ○표 하고, ○한 말을 넣어 완전한 문장을 쓰세요.

❷ 밑줄 친 말의 **사회 방언**을 찾아 ○표 하고, ○한 말을 넣어 완전한 문장을 쓰세요.

1

어머니 모시고 와라.

(엄니)

(아배)

→ 엄니 모시고 와라.

1

문화 상품권 한 장 주세요.

(문상)

(상품권)

→

2

부추 한 단만 사자.

(지슬)

(정구지)

→

2

병원 내 긴급 상황이 발생했다.

(드리핑이)

(코드 블루가)

→

3

저 사람은 **누구니?**

(누고)

(누구야)

→

3

'**느리게 연주하라**' 표시가 있네.

(넙대)

(안단테)

→

---

❸ 다음은 **지역 방언** 혹은 **사회 방언**의 뜻풀이입니다.
이를 참고하여 **표준어**로 바꾸어 쓰세요.

---

1 옥수꾸: 옥수수를 뜻하는 경기·경상·충청 지역 방언

옥수꾸 하나 주세요. → [옥수수] 하나 주세요.

---

2 포깍질: 딸꾹질을 뜻하는 전라·충남 지역 방언

포깍질이 멈추지 않아. → [   ] 이 멈추지 않아.

---

3 깜놀: '깜짝 놀라다'를 뜻하는 온라인 채팅 용어

너 때문에 **깜놀했잖아**. → 너 때문에 [   ] .

---

❹ 주어진 말은 모두 **방언**을 사용한 문장입니다.
알맞은 **표준어**로 바꾸어 쓰세요.

---

1 안녕히 가시래요. → 안녕히 [   ] .

---

2 니는 은제 올 끼고? → 너는 [   ] ?

---

3 내가 팀을 캐리했어. → 내가 팀을 [   ] .

배운 내용에 맞게 <보기>에서 알맞은 말을 찾아 빈칸을 채우세요!

보기   지역 / 한자 / 은어 / 외래어

❶

□	**고유어**	순우리말, 또는 그 말을 바탕으로 하여 만들어진 말	바지 / 하늘
□	**한자어**	( )를 바탕으로 하여 만들어진 말	모자 / 학교
□	( )	다른 나라 말을 빌려 와서 우리말처럼 쓰는 말	티셔츠 / 빵

❷

□	**지역 방언**	( )에 따라 다르게 쓰는 말	아바이 / 엄니
□	**사회 방언**	세대나 사회 집단 등에 따라 다르게 쓰는 말	현질 / GG

사회 방언

전문어	( ) ···
특정 분야에서 전문적인 개념을 나타내기 위해 쓰는 말	다른 사람들이 알아듣지 못하게 집단 구성원들끼리 쓰는 말
예) 어레스트, CPR 등 (의료)	예) 진대마니, 넙대 등 (심마니)

정답 한자 – 외래어 – 지역 – 은어

나만의 **문장 쓰기**

밑줄 친 말들 중
주어진 조건에 해당하는 것을 찾아
○표 하고, ○한 말을 활용해
새로운 문장을 만드세요.

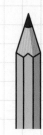

1 ⊙**바다** 위로 **태양**이 떠오르다. → 고유어

우리 바다 보러 갈래?

2 **모자**와 **바지**를 하나씩 사자. → 한자어

3 **생일** **케이크**가 맛있어 보인다. → 외래어

4 **옥수꾸**를 **치즈**와 함께 구웠다. → 지역 방언

정답과 해설 28쪽

2단원

문장의 문법 요소①

① 시간 표현
② 높임 표현
③ 부정 표현

문장에는 시간, 높임, 부정 표현 등
다양한 문법 요소들이 포함되어 있어요.

이 표현들은 작은 차이로도 문장의 의미 전체에 영향을 줄 수 있으므로,
적절하게 사용해야 뜻을 제대로 전달할 수 있어요.

구웠다 / 굽는다 / 구울 것이다

교과 연계

초등 국어 6-1 3. 〈짜임새 있게 구성해요〉 6-2 7. 〈글 고쳐 쓰기〉	→	**중·고등** 고등 국어-언어와 매체 〈문법 요소〉

1 시간 표현

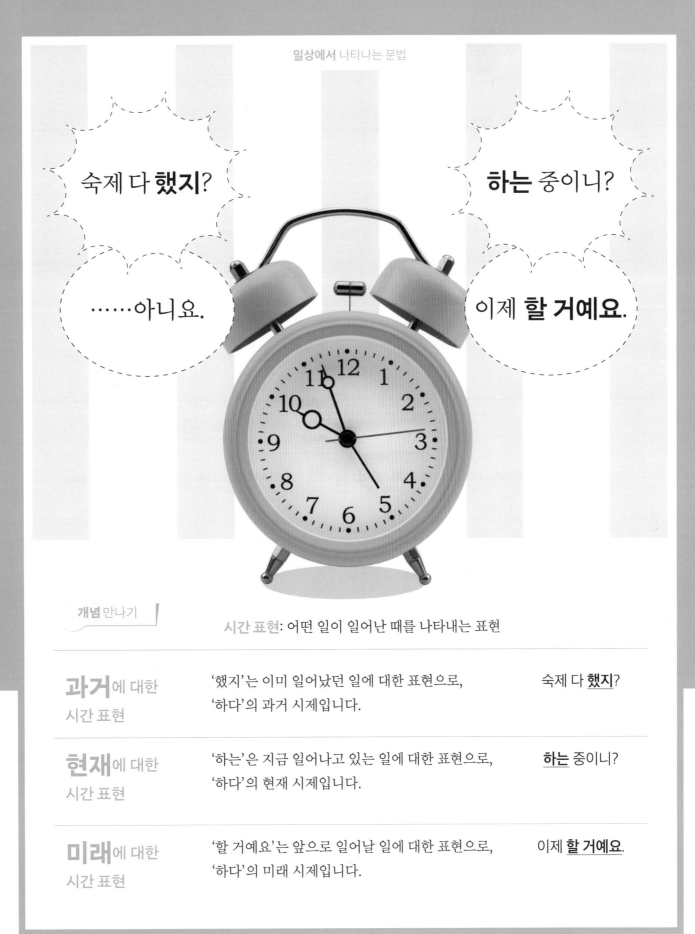

과거에 대한 시간 표현: 이미 있었던 일을 나타냄

어제 고기를 구웠다.

주로 서술어에 '-았-/-었-', '-던' 등을 넣어 표현합니다. '어제', '작년', '이미' 등 지나간 시간을 나타내는 말과 함께 쓰이기도 합니다.

문장으로 개념 알기　　　**1**　　바른 설명이 되도록 ○표 하세요.

1 　　**'날씨가 더웠다.'**는

과거에 일어났던 일	현재에 일어나는 일	미래에 일어날 일

을 나타냅니다.

2 　　**'나는 공원에 갔다.'**는

과거에 일어났던 일	현재에 일어나는 일	미래에 일어날 일

을 나타냅니다.

미래에 대한 시간 표현: 앞으로 일어날 일을 나타냄

내일 고기를 구울 것이다.

주로 서술어에 '-ㄹ/을', '-겠-' 등을 넣어 표현합니다. '내일', '내년', '다음 주' 등 다가올 시간을 나타내는 말과 함께 쓰이기도 합니다.

현재에 대한 시간 표현 : 지금 일어나는 일을 나타냄

오늘 고기를 <u>굽는다</u>.

주로 서술어에 '-ㄴ-/-는-' 등을 넣어 쓰며, '굽다'와 같이 서술어의 기본형을 그대로 쓰는 경우에도 현재를 나타냅니다. '지금', '요즘', '오늘' 등 현재의 시간을 나타내는 말과 함께 쓰이기도 합니다.

---

2 바른 설명이 되도록 ◯표 하세요.

1 '**날씨가 덥다**.'는

| 과거에 일어났던 일 | 현재에 일어나는 일 | 미래에 일어날 일 | 을 나타냅니다.

2 '**나는 공원에 간다**.'는

| 과거에 일어났던 일 | 현재에 일어나는 일 | 미래에 일어날 일 | 을 나타냅니다.

---

3 바른 설명이 되도록 ◯표 하세요.

1 '**날씨가 더울 것이다**.'는

| 과거에 일어났던 일 | 현재에 일어나는 일 | 미래에 일어날 일 | 을 나타냅니다.

2 '**나는 공원에 가겠다**.'는

| 과거에 일어났던 일 | 현재에 일어나는 일 | 미래에 일어날 일 | 을 나타냅니다.

4 시간 표현이 바르게 되도록 빈칸에 알맞은 말을 고르세요.

1   어제 영화를 (   ).   (본다)   (보았다)

2   이제부터 (   ) 거야.   (씻을)   (씻었을)

3   (   ) 이사를 가겠다.   (작년에)   (내년에)

4   (   ) 비가 내린다.   (지금은)   (어제는)

5 시간 표현이 바르게 되도록 빈칸에 알맞은 말을 <보기>에서 찾아 쓰세요.

1   지난주에 시험을 (   ).   → (   )

2   내일은 축구를 (   ).   → (   )

3   벌써 점심을 다 (   ).   → (   )

4   나는 지금 배가 (   ).   → (   )

보기   고프다 / 보았다 / 먹었다 / 할 것이다

6 다음 중 시간 표현이 바르게 사용된 문장을 모두 찾아 ○표 하세요.

1   다가올 방학에는 친구들과 수영장에 **갔을** 계획이다.   (   )

2   예빈이는 지금 과학 숙제를 위해 자료를 **조사한다**.   (   )

3   이 건물은 화재 당시 붕괴됐다가 지난해 **복원되었다**.   (   )

4   그 정치인은 내일 지역 국회 의원 선거에 **입후보했다**.   (   )

7 앞에 있는 시간을 나타내는 말과 자연스럽게 이어지도록 밑줄 친 말을 고쳐 쓰세요.

1   그 비행기는 5분 후 활주로에 **착륙한** 예정이다.   (   )

2   다음 시험 때는 열심히 공부해서 점수를 **올리다**.   (   )

3   현규는 어제 동화책을 읽다가 눈물을 **글썽인다**.   (   )

4   칭기즈 칸은 13세기에 몽골 제국을 **건설하겠다**.   (   )

8 다음 글을 찬찬히 읽어 보고, 앞서 배운 개념을 떠올리며 물음에 답하세요.

나는 방학을 맞아 어제 가족들과 함께 제주도 여행을 ⊙떠난다. 첫날에는 숙소에 도착한 뒤 짐을 풀어 놓고 천지연 폭포로 향했다. 천지연 폭포는 천연 기념물 제 27호로 지정된 아름다운 폭포이다. 절벽에서 떨어지는 폭포수와 울창한 나무들이 장관을 이루고 있었다. 우리 가족은 폭포를 배경으로 기념 사진을 찍고 주변을 구경하다가, 제주의 명물인 흑돼지 삼겹살을 저녁으로 먹은 뒤 숙소로 돌아왔다.

오늘은 제주도의 아름다운 '섬 속의 섬' 우도를 방문하기로 해서, 가족들과 우도로 가는 배를 타고 있다. ⓒ배는 30분 뒤 우도에 도착한 예정이다. 도착하면 '서빈백사'라는 예쁜 해변을 꼭 보러 갈 것이다.

일상/ 관련 주제: 체험한 일 글로 쓰기 (초등 국어)

---

1 시간 표현이 바르게 되도록 밑줄 친 ⊙을 바르게 고쳐 쓰세요. ( )

---

2 윗글에 대해 바르게 설명한 친구의 이름을 쓰세요. ( )

채연: '어제', '돌아왔다'는 앞으로 일어날 일을 나타낸 시간 표현이야.

우진: 윗글에는 이미 일어났던 일을 나타내는 시간 표현만이 나타나 있어.

민주: '서빈백사'에 가는 것은 미래의 일이므로 '갈 것이다'는 맞는 표현이야.

---

3 밑줄 친 ⓒ에서 시간 표현이 잘못 사용된 부분을 찾아 쓰고, ⓒ을 바르게 고쳐 쓰세요.

(잘못 사용된 부분:)

문장 쓰기:

※ 일이 일어난 시점에 맞는 문장 쓰기

❶ 빈칸에 가장 알맞은 **시간 표현**을 찾아 ○표 하고, ○한 말을 넣어 완전한 문장을 쓰세요.

1 　어제 할머니 댁에 (　　).

(간다)

(갔다)

→　어제 할머니 댁에 갔다.

4 　(　　) 밥을 다 먹었다.

(이미)

(이제부터)

→

2 　(　　) 배가 자주 아프다.

(요즘)

(지난해)

→

5 　나는 집을 (　　) 중이다.

(짓는)

(지을)

→

3 　다음 주에 시험을 (　　).

(보았다)

(볼 것이다)

→

6 　내년엔 꼭 독서를 (　　).

(했다)

(하겠다)

→

❷ **시간 표현**이 바르게 되도록 틀린 부분을 고쳐 쓰세요.

---

1 지난주 선우는 공원에서 친구를 만나다.

→ 지난주 선우는 공원에서 　친구를 만났다.

---

2 어젯밤에 많은 비가 내릴 것이다.

→ 어젯밤에 많은 비가 　　　　　　 .

---

3 나는 다음 여름에 부산에 간 계획을 세웠다.

→ 나는 다음 여름에 부산에 　　　　　　 세웠다.

---

❸ 말이 자연스럽게 이어지도록 알맞은 **시간 표현**을 사용해 문장을 완성하세요.

---

1 나는 내년에 꼭 　　　　　　 .

---

2 지금은 날씨가 　　　　　　 .

---

3 시험이 이미 　　　　　　 .

---

2 높임 표현

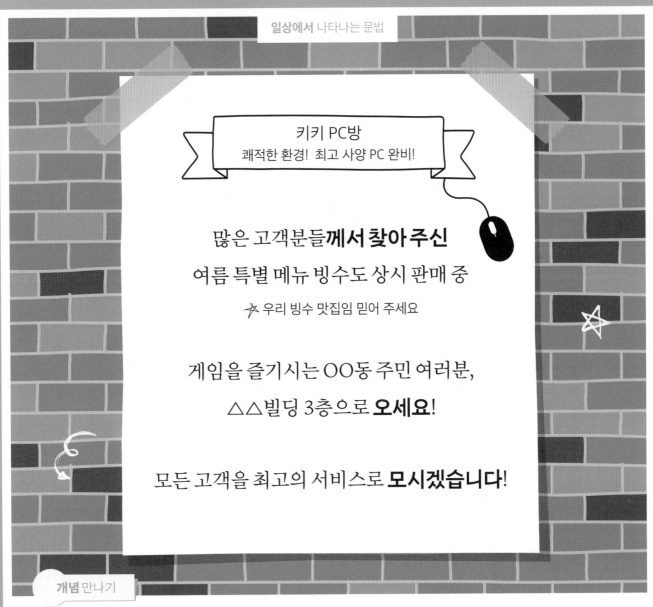

키키 PC방
쾌적한 환경! 최고 사양 PC 완비!

많은 고객분들**께서 찾아 주신**

여름 특별 메뉴 빙수도 상시 판매 중

✴ 우리 빙수 맛집임 믿어 주세요

게임을 즐기시는 OO동 주민 여러분,

△△빌딩 3층으로 **오세요**!

모든 고객을 최고의 서비스로 **모시겠습니다**!

개념 만나기

높임 표현: 말하는 사람이 듣는 사람이나 어떤 대상의 높고 낮음을 말로 구별하는 표현

듣는 사람을
높이는 표현

주민 여러분,
3층으로 **오세요**!

'오세요'는 이 말을 듣는 사람인 '주민 여러분'을 높인 표현입니다.

주어를
높이는 표현

고객분들**께서**
찾아 주신

조사 '께서'는 '이/가'의 높임말이고, '찾아 주신'은 이 말의 주어인 '고객 분들(께서)'을 높인 표현입니다.

목적어나 부사어가
가리키는 대상을
높이는 표현

'모시겠습니다'는 이 말의 목적어가 가리키는 대상인 '고객'을 높인 표현입니다.

고객을
모시겠습니다

손님, 어서 <u>오세요.</u>

말하는 사람이 그 말을 듣는 사람을 높여 표현하는 방법으로, '상대 높임법'이라고 부릅니다. 주로 서술어의 끝에 '-ㅂ시오', '-오', '-어요' 등을 넣어 표현합니다.

문장으로 개념 알기   **1**   바른 설명이 되도록 ◯표 하세요.

1

'고객님, 도와드릴까요?' 는

듣는 사람	주어	목적어나 부사어가 가리키는 대상

을/를 높인 표현입니다.

2

'이모, 언제 오십니까?' 는

듣는 사람	주어	목적어나 부사어가 가리키는 대상

을/를 높인 표현입니다.

목적어나 부사어가 가리키는 대상을 높이는 표현

어머니께 선물을 <u>드렸다.</u>

문장의 목적어나 부사어가 가리키는 대상을 높이는 방법으로, '객체 높임법'이라고 부릅니다. '객체'는 주어의 행위가 미치는 대상을 뜻하는 말입니다. 객체 높임법은 주로 부사어에 조사 '에게' 대신 '께'를 쓰고, '모시다', '드리다', '뵙다', '여쭈다' 등 특수한 단어를 통해 표현합니다.

숙모께서 과자를 **드신다.**

문장의 주어를 말하는 사람보다 높여서 표현하는 방법으로, '주체 높임법'이라고 부릅니다. 주로 주어에 조사 '께서'를 쓰고, 서술어에 '-시-'를 넣어 표현합니다. '진지', '잡수시다' 등 특수한 말을 사용해서 주어를 높이기도 합니다.

2 바른 설명이 되도록 ○표 하세요.

1

'**삼촌께서 들어오셨다.**'는

| 듣는 사람 | 주어 | 목적어나 부사어가 가리키는 대상 | 을/를 높인 표현입니다.

2

'**할머니께서 진지를 잡수셨다.**'는

| 듣는 사람 | 주어 | 목적어나 부사어가 가리키는 대상 | 을/를 높인 표현입니다.

3 바른 설명이 되도록 ○표 하세요.

'**어제 고모를 뵈었다.**'는

| 듣는 사람 | 주어 | 목적어나 부사어가 가리키는 대상 | 을/를 높인 표현입니다.

4 각 문장에서 밑줄 친 말이 높이고 있는 대상을 찾아 쓰세요.

1 삼촌께서 시골에 **가셨다**.   (   )

2 손님을 집에 **모셨다**.   (   )

3 그가 감독님을 **뵈었다**.   (   )

4 어머니, 이 사람 **아세요**?   (   )

5 높임 표현이 바르게 되도록 빈칸에 알맞은 말을 고르세요.

1 선생님께 일정을 (   ).   (묻다)   (여쭈다)

2 엄마께서 용돈을 (   ).   (주셨다)   (주었다)

3 할아버지께서 집에 (   ).   (있다)   (계시다)

4 고모부, 점심은 (   )?   (드셨어요) (먹었어요)

6 다음 중 듣는 사람을 높이고 있는 문장을 모두 찾아 ○표 하세요.

1 지나는 추석을 맞아 오랜만에 이모부를 뵈었다. ( )

2 아빠, 아파트 앞에 새로 생긴 빵집 가 보셨어요? ( )

3 이모, 저 이 수학 문제 좀 가르쳐 주실 수 있으세요? ( )

4 할머니께서 아프셔서 저녁을 잡수시지 않았다. ( )

7 <예시>와 같이 각 문장에서 높여야 할 대상에 ○한 다음, 밑줄 친 말을 바르게 고쳐 쓰세요.

예시 나는 거동이 불편한 ⃝할머니를 집에 **데려갔다**. (모셔 갔다)

1 나는 아저씨께 이사 기념 떡을 전해 **주었다**. ( )

2 고모께서 내게 물을 사 오라고 심부름을 **시켰다**. ( )

3 아주머니, 잠깐 저를 좀 **도와줄** 수 있으세요? ( )

8 다음 글을 찬찬히 읽어 보고, 앞서 배운 개념을 떠올리며 물음에 답하세요.

선생님, ㉠잘 지내시나요? 선생님의 제자 현민이에요. 선생님께 꼭 드리고 싶은 말씀이 있어 이렇게 편지를 쓰게 되었어요.

선생님, 제가 지난주 ○○ 지역 초등학생 피아노 대회에 나가 1등을 했어요. 상을 받고 난 후에 꼭 선생님께 감사 인사를 드려야겠다고 생각했어요. 작년에 저는 자신감이 부족해서 대회에 나가기도 무섭고, 피아노를 그만두고 싶은 마음이 컸어요. 하지만 ㉡선생님께서 저에게 계속해서 용기를 주시고, 할 수 있다고 자신감을 심어 주신 덕분에 포기하지 않을 수 있었어요. ㉢선생님이 올해 전근을 가서 자주 뵐 수 없게 됐지만, 늘 감사하게 생각하고 있어요. 스승의 날에 꼭 선생님을 찾아 뵙고 싶어요. 그때까지 안녕히 계세요.

일상/ 관련 주제: 자신의 마음을 표현하는 글쓰기 (초등 국어)

---

1 밑줄 친 ㉠이 높이고 있는 대상을 찾아 쓰세요.   (   )

---

2 밑줄 친 ㉡에 대해 바른 설명이 되도록 알맞은 말에 ○표 하세요.

㉡에서 높이고 있는 대상은 (저, 선생님)(으)로, 조사 '이/가'의 높임말 '께서'와 높임 표현 '-시-'가 사용되었다. ㉡은 (주어, 듣는 사람)을/를 높인 표현이라고 할 수 있다.

---

3 밑줄 친 ㉢에서 높임 표현을 사용해야 할 부분을 두 개 찾아 쓰고, 높임 표현을 바르게 사용하여 ㉢을 고쳐 쓰세요.

(높임 표현을 사용해야 할 부분: ,   )

문장 쓰기:

※ 높임의 대상이 되는 말에 주의하며, 알맞은 높임 표현을 사용해 문장 쓰기

❶ 빈칸에 알맞은 **높임 표현**을 찾아 ○표 하고, ○한 말을 넣어 완전한 문장을 쓰세요.

---

1   손님, (   )?

(주문하겠어요)

(주문하시겠어요)

→   손님, 주문하시겠어요?

---

4   선생님, 오고 (   )?

(있나요)

(계시나요)

→

---

2   고모께선 (   ).

(의사이다)

(의사이시다)

→

---

5   이모부께서 (   ).

(전화했다)

(전화하셨다)

→

---

3   할아버지께 길을 (   ).

(묻다)

(여쭈다)

→

---

6   할머니를 (   ) 가자.

(보러)

(뵈러)

→

---

② **높임 표현**이 바르게 되도록 틀린 부분을 고쳐 쓰세요.

1 선생님이 다음 시간 숙제를 공지했다.

→ 선생님 `께서` 다음 시간 숙제를 `공지하셨다.`

2 할아버지, 어디가 아파요?

→ 할아버지, 어디가 `                    `?

3 우리 고모에게 편지를 써 주자.

→ 우리 고모 `        ` 편지를 써 `          `.

③ 말이 자연스럽게 이어지도록 알맞은 **높임 표현**을 사용해 문장을 완성하세요.

1 아주머니, 어디로 `                    `?

2 고객님, 무엇을 `                  `?

3 할머니께서 `                  `.

3

부정 표현

일상에서 나타나는 문법

> 나는 피아노 **안 칠래**.
> 기타 칠 거야.
>
> 🧒 연아
> 피아노 3년 배움,
> 기타를 더 좋아함.

> 나는 피아노 **못 쳐**.
> 플루트를 맡을래.
>
> 🧒 건우
> 플루트 3년 배움,
> 피아노는 배운 적 없음.

개념 만나기

부정 표현: 내용을 의미상 부정하여 '그렇지 않음'을 나타내는 표현

'안' 부정 표현		
'안' 부정 표현 단순히 그렇지 않음, 하기 싫음을 나타낸 표현	'피아노 안 쳐'는 피아노를 칠 순 있지만 '하고 싶지 않다'는 의미이므로, '안' 부정 표현을 사용했습니다.	피아노 **안 칠래**
'못' 부정 표현 할 수 없음을 나타낸 표현	'피아노 못 쳐'는 피아노 치는 방법을 몰라서 '할 수 없다'는 의미이므로, '못' 부정 표현을 사용했습니다.	피아노 **못 쳐**

'안' 부정 표현: 단순히 그렇지 않음, 하기 싫음을 나타낸 부정 표현

사과가 <u>안</u> 많다.
귀찮아서 산에 <u>안</u> 갔다.

'사과가 안 많다.'는 단순히 사과의 양이 많지 않다는 사실 자체를 의미하며, '귀찮아서 산에 안 갔다.'는 산에 가기 싫어서 가지 않았다는 것을 의미합니다. 이처럼 '안' 부정 표현은 단순히 그렇지 않음, 혹은 하기 싫음의 뜻을 나타낸 것으로, '-지 않다'를 사용해 길게 나타낼 수도 있습니다.

문장으로 개념 알기

1 바른 설명이 되도록 ○표 하세요.

1

'**다리가 <u>안</u> 길다.**'는

| 단순히 그렇지 않음/하기 싫음 | 할 수 없음 | 을 나타내는 표현입니다.

2

'**키가 <u>안</u> 크다.**'는

| 단순히 그렇지 않음/하기 싫음 | 할 수 없음 | 을 나타내는 표현입니다.

3

'**밥을 먹<u>지 않았다</u>.**'는

| 단순히 그렇지 않음/하기 싫음 | 할 수 없음 | 을 나타내는 표현입니다.

4

'**구두를 사<u>지 않았다</u>.**'는

| 단순히 그렇지 않음/하기 싫음 | 할 수 없음 | 을 나타내는 표현입니다.

'못' 부정 표현: 할 수 없음을 나타낸 부정 표현

비가 와서 <u>못</u> 간다.

'비가 와서 못 간다.'는 자신의 힘으로 어찌할 수 없는 상황 때문에 갈 수 없다는 것을 의미합니다. 이처럼 '못' 부정 표현은 능력이 부족해서, 혹은 어쩔 수 없는 상황 때문에 할 수 없음을 나타낸 것으로, '-지 못하다'를 사용해 길게 나타낼 수도 있습니다.

2 바른 설명이 되도록 ○표 하세요.

1

'**바빠서 <u>못</u> 먹었다.**'는

| 단순히 그렇지 않음/하기 싫음 | 할 수 없음 | 을 나타내는 표현입니다.

2

'**자전거를 <u>못</u> 탄다.**'는

| 단순히 그렇지 않음/하기 싫음 | 할 수 없음 | 을 나타내는 표현입니다.

3

'**1등을 하<u>지 못했다</u>.**'는

| 단순히 그렇지 않음/하기 싫음 | 할 수 없음 | 을 나타내는 표현입니다.

4

'**뱀은 뛰<u>지 못한다</u>.**'는

| 단순히 그렇지 않음/하기 싫음 | 할 수 없음 | 을 나타내는 표현입니다.

---

3 밑줄 친 부정 표현이 의미하는 것을 고르세요.

1   수박이 **안 크다**.   (단순히 그렇지 않음)   (할 수 없음)

2   강아지는 **못 난다**.   (단순히 그렇지 않음)   (할 수 없음)

3   어젯밤에 **못 잤다**.   (단순히 그렇지 않음)   (할 수 없음)

4   상자가 **안 무겁다**.   (단순히 그렇지 않음)   (할 수 없음)

4 밑줄 친 말을 '-지 않다'나 '-지 못하다'를 사용해 바르게 바꾸어 쓰세요.

1   혜원이는 오이를 **못 먹는다**.   (   )

2   나는 컴퓨터 게임을 **안 했다**.   (   )

3   해리는 공포 영화를 **못 본다**.   (   )

4   오빠가 아직 집에 **안 왔다**.   (   )

5 '안'과 '못' 중 내용에 어울리는 부정 표현을 빈칸에 쓰세요.

1 유지는 늦잠을 자는 바람에 예약해 둔 기차를 (　　　　　) 탔다.

2 예원이는 배가 고프지 않아서 샌드위치를 (　　　　　) 먹었다.

3 내 동생은 다리가 부러져서 목발 없이는 (　　　　　) 걷는다.

4 은상이는 요리를 (　　　　　) 하고 싶어서 설거지를 하기로 했다.

6 내용이 자연스럽게 이어지도록 밑줄 친 말을 알맞은 부정 표현으로 고쳐 쓰세요.

1 나는 기타 실력이 부족해서 어려운 곡을 **친다**.　　　　　(　　　　　)

2 예준이는 떡국이 먹고 싶어서 칼국수를 **시켰다**.　　　　　(　　　　　)

3 윤재는 과자를 많이 먹어서 아직 배가 **고프다**.　　　　　(　　　　　)

4 정원이는 발목을 크게 다쳐서 빨리 **뛰었다**.　　　　　(　　　　　)

7 다음 글을 찬찬히 읽어 보고, 앞서 배운 개념을 떠올리며 물음에 답하세요.

선거는 투표를 통해 여러 사람들 중 적절한 대표자를 뽑는 일을 말합니다. 투표는 국민이 정치 활동에 참여할 수 있는 가장 기본적인 방법입니다.

하지만 요즈음에는 바쁘다, 귀찮다는 이유로 투표를 하지 ㉠못하는 사람이 많습니다. 투표를 하지 않는 것은 국민으로서의 소중한 권리를 포기하는 것입니다. 국민들이 투표에 열심히 참여할수록 대표자들은 더욱 우리 지역과 나라를 위해 열심히 일하고, 공약을 실천하기 위해 노력할 것입니다. 만약 국민들이 투표에 관심을 ㉡가지지 않는다면, 대표자를 감시하는 눈이 사라져 대표자가 우리 사회보다 자신의 이익을 위해 행동할 수도 있습니다.

사회/ 관련 주제: 민주주의를 실천하는 태도 (초등 사회)

---

1 밑줄 친 ㉠을 내용에 맞게 바르게 고쳐 쓰세요.　　　　　(　　　　　　　　)

---

2 밑줄 친 ㉡의 부정 표현에 담긴 의미를 찾아 〇표 하고, ㉡과 바꾸어 쓸 수 있는 말을 쓰세요.

의미: | 단순히 그렇지 않음 | 할 수 없음 |

(　바꾸어 쓸 수 있는 말:　　　　　　　　　　　　)

---

3 '안'과 '못' 중 내용에 알맞은 부정 표현을 사용해 문장을 완성하세요.

문장 쓰기: 나는 아직 투표권이 없기 때문에 (　　　　　　　　　　　　　).

※ 상황에 알맞은 부정 표현 쓰기

❶ 빈칸에 알맞은 **부정 표현**을 찾아 ○표 하고, ○한 말을 넣어 완전한 문장을 쓰세요.

---

1 나는 손이 (　　) 크다.

(（안）)

(못)

→ 나는 손이 안 크다.

---

4 집이 넓지 (　　).

(않았다)

(못했다)

→

---

2 방바닥이 (　　) 차갑다.

(안)

(못)

→

---

5 돈이 없어 사지 (　　).

(않았다)

(못했다)

→

---

3 형은 다쳐서 (　　) 뛴다.

(안)

(못)

→

---

6 우느라 말을 하지 (　　).

(않았다)

(못했다)

→

② <u>**부정 표현**</u>이 바르게 되도록 밑줄 친 부분을 고쳐 쓰세요.

1 준호는 노란색을 **좋아하지 못한다.**

→ 준호는 노란색을   좋아하지 않는다/안 좋아한다.

2 강아지 코코는 꼬리가 **못 길다.**

→ 강아지 코코는 꼬리가   .

3 전화가 고장 나서 연락을 **하지 않는다.**

→ 전화가 고장 나서 연락을   .

③ 말이 자연스럽게 이어지도록 알맞은 **부정 표현**을 사용해 문장을 완성하세요.

1 흥부는 돈이 부족해서   .

2 선호는 누나보다 키가   .

3 여우는 포도를 싫어해서   .

문법 개념 정리

배운 내용에 맞게 <보기>에서 알맞은 말을 찾아 빈칸을 채우세요!

보기　　안　/　없는　/　듣는　/　일어날

❶ **시간 표현**　어떤 일이 일어난 때를 나타내는 표현

□　과거 → 이미 일어났던 일에 대한 시간 표현	어제 고기를 **구웠다**.
□　현재 → 지금 일어나는 일에 대한 시간 표현	오늘 고기를 **굽는다**.
□　미래 → 앞으로 (　　　　　) 일에 대한 시간 표현	내일 고기를 **굽겠다**.

❷ **높임 표현**　말하는 사람이 듣는 사람이나 어떤 대상의 높고 낮음을 말로 구별하는 표현

□　(　　　　　) 사람을 높이는 표현 → 상대 높임법	손님, 어서 **오세요**.
□　주어를 높이는 표현 → 주체 높임법	숙모**께서** 과자를 **드신다**.
□　목적어나 부사어가 가리키는 대상을 높이는 표현 → 객체 높임법	어머니**께** 선물을 **드렸다**.

❸ **부정 표현**　내용을 의미상 부정하여 '그렇지 않음'을 나타내는 표현

□　'(　　　　)' **부정 표현**　단순히 그렇지 않은 것/하기 싫은 것	사과가 **안 많다**.
□　**'못' 부정 표현**　할 수 (　　　　　) 것	비가 와서 **못 간다**.

날어일 - 안 - 없는 - 듣는 : 답정

나만의 **문장 쓰기**

빈칸에 들어갈 말을 바르게 쓴 것을 찾아
○표 하고, ○한 말을 사용해
새로운 문장을 만드세요.

1   나는 어제 만화를 (   ).   (본다)   (보았다)

그가 아침에 신문을 보았다.

2   지금 밖에 눈이 (   ).   (내린다)   (내리겠다)

3   할아버지, 어서 (   ).   (들어와요)   (들어오세요)

4   이 가방은 무겁지 (   ).   (않다)   (못하다)

정답과 해설 28쪽

3단원

문장의 문법 요소②

❶ 사동 표현·피동 표현
❷ 종결 표현
❸ 문장의 호응

문장에는 사동과 피동 표현, 종결 표현, 호응 관계 등 다양한 문법 요소들이 포함되어 있어요.

이 표현들은 작은 차이로도 문장의 의미 전체에 영향을 줄 수 있으므로, 적절하게 사용해야 뜻을 제대로 전달할 수 있어요.

 아기가 자다. →  아기를 재우다.

교과 연계

초등	국어 5-2 4. 〈겪은 일을 써요〉 6-2 7. 〈글 고쳐 쓰기〉

중·고등	고등 국어-언어와 매체 〈문법 요소〉

1 사동 표현 · 피동 표현

△△신문   ○○시, 20XX년까지 미세 먼지 농도 **낮춘다**

○○일보   뺑소니 차량, 경찰에 **붙잡혀**

개념 만나기

사동 표현 주어가 시키는/ 하게 만드는 표현	이 문장의 주어 '○○시(가)'가 미세 먼지의 농도를 '낮게 만든다'는 의미이므로, '낮춘다'는 사동 표현입니다.	○○시(가) 농도(를) **낮춘다**
피동 표현 주어가 당하는/ 하게 되는 표현	이 문장의 주어 '차량(이)'가 경찰에 의해 '특정한 행동(붙잡다)을 당하다'의 의미이므로, '붙잡히다'는 피동 표현입니다.	차량(이) 경찰에 <u>**붙잡혀**</u>

사동 표현 : 주어가 시키는/하게 만드는 표현

엄마가 아기를 재우다
(주어)

주어가 다른 사람이나 대상에게 어떤 일을 하도록 시키거나, 어떤 상황에 놓이도록 만드는 것을 나타내는 표현입니다. '-이-, -히-, -리-, -기-, -우-, -구-, -추-'를 붙여 쓰거나, '-시키다' 혹은 '-게 하다' 등을 붙여 표현할 수 있습니다.

문장으로 개념 알기

1 바른 설명이 되도록 ○표 하세요.

1 '내가 물을 **채우다**.'는 | 주어가 '하게 만드는' | 주어가 '당하는' | 것을

나타낸 표현이므로 | 사동 표현 | 피동 표현 | 입니다.

2 '흥부가 물을 **끓이다**.'는 | 주어가 '하게 만드는' | 주어가 '당하는' | 것을

나타낸 표현이므로 | 사동 표현 | 피동 표현 | 입니다.

3 '형이 동생을 **씻기다**.'는 | 주어가 '하게 만드는' | 주어가 '당하는' | 것을

나타낸 표현이므로 | 사동 표현 | 피동 표현 | 입니다.

4 '언니가 나를 **웃기다**.'는 | 주어가 '하게 만드는' | 주어가 '당하는' | 것을

나타낸 표현이므로 | 사동 표현 | 피동 표현 | 입니다.

신발끈이 <u>풀리다</u>
(주어)

주어가 다른 사람이나 상황에 의해 어떤 일을 당하거나, 하게 되는 것을 나타내는 표현입니다. '-이-, -히-, -리-, -기-'를 붙여 쓰거나, '-되다', '-아/어지다', '-게 되다' 등을 붙여 표현할 수 있습니다.

---

2 바른 설명이 되도록 ○표 하세요.

---

1 '**사슴이 <u>잡히다</u>.**'는 | 주어가 '하게 만드는' | 주어가 '당하는' | 것을

나타낸 표현이므로 | 사동 표현 | 피동 표현 | 입니다.

---

2 '**문이 <u>열리다</u>.**'는 | 주어가 '하게 만드는' | 주어가 '당하는' | 것을

나타낸 표현이므로 | 사동 표현 | 피동 표현 | 입니다.

---

3 '**전화가 <u>끊기다</u>.**'는 | 주어가 '하게 만드는' | 주어가 '당하는' | 것을

나타낸 표현이므로 | 사동 표현 | 피동 표현 | 입니다.

---

4 '**선이 <u>연결되다</u>.**'는 | 주어가 '하게 만드는' | 주어가 '당하는' | 것을

나타낸 표현이므로 | 사동 표현 | 피동 표현 | 입니다.

3　밑줄 친 말의 의미가 무엇에 해당하는지 고르세요.

1　하수구가 **뚫리다**.　　(시키다/하게 만들다)　(당하다/하게 되다)

2　자외선이 **차단되다**.　　(시키다/하게 만들다)　(당하다/하게 되다)

3　불이 얼음을 **녹이다**.　　(시키다/하게 만들다)　(당하다/하게 되다)

4　국가가 세율을 **높이다**.　　(시키다/하게 만들다)　(당하다/하게 되다)

4　각 문장이 같은 상황을 나타내도록 빈칸에 알맞은 사동 표현, 혹은 피동 표현을 <보기>
에서 찾아 쓰세요.

1　개가 닭을 쫓다.　　→　닭이 개에게 (　　　　　　　　).
　　　　　　　　　　　　　　　　　　　　　피동

2　동생이 형 때문에 울다.　→　형이 동생을 (　　　　　　　　).
　　　　　　　　　　　　　　　　　　　　　사동

3　쓰레기를 땅에 묻다.　→　쓰레기가 땅에 (　　　　　　　　).
　　　　　　　　　　　　　　　　　　　　　피동

4　환자가 의사 덕분에 살다.　→　의사가 환자를 (　　　　　　　　).
　　　　　　　　　　　　　　　　　　　　　사동

보기　　울리다　/　묻히다　/　쫓기다　/　살리다

5 사동 표현이 사용된 문장에는 '사동'을, 피동 표현이 사용된 문장에는 '피동'을 쓰세요.

1 나는 밖에 나가기 전 강아지에게 따뜻한 옷을 입혔다. (   )

2 주문하신 상품이 배송지에 안전하게 전달되었습니다. (   )

3 그의 아름다운 연주가 관객들의 분위기를 고조시켰다. (   )

4 윤하가 입구 앞에 섰을 때 자동문이 스르르 열렸다. (   )

6 내용이 자연스럽게 이어지도록 밑줄 친 말을 알맞은 사동 표현이나 피동 표현으로 고쳐 쓰세요.

1 콩쥐가 두꺼비의 도움을 받아 독에 물을 **찼다**. (사:)

2 재호가 비밀 이야기를 해 주겠다며 목소리를 **낮았다**. (사:)

3 바람이 불더니 쾅 소리가 나게 문이 **닫았다**. (피:)

4 작은 사슴이 배고픈 암사자에게 **쫓고** 있었다. (피:)

7 다음 글을 찬찬히 읽어 보고, 앞서 배운 개념을 떠올리며 물음에 답하세요.

서울시 ○○구의 한 금은방에서 금품을 훔쳐 달아나던 ㉠30대 남성이 경찰에 붙잡혔다.

서울 ○○경찰서는 3월 10일 ○○구 △△사거리에 위치한 한 금은방에서 약 4백만 원 상당의 금품을 훔친 혐의로 A씨(35)를 현행범으로 붙잡아 조사 중이라고 밝혔다. A씨는 영업시간이 끝난 뒤 아무도 없는 틈을 타 금은방에 잠입했으나, 이를 목격한 한 시민의 신고로 경찰에 덜미를 잡혔다.

경찰은 최근 이 금은방 인근의 식당에서 발생한 도난 사고에 A씨가 연루되어 있는지 수사 범위를 확대하는 한편, 정확한 사건 경위를 조사 중이다.

사회/ 관련 주제: 매체에 따른 다양한 읽기 (초등 국어)

---

1 밑줄 친 ㉠에서 피동 표현이 나타난 부분을 찾아 쓰세요. (   )

---

2 윗글에 대해 바르게 설명하지 <u>못한</u> 친구의 이름을 쓰세요. (   )

연진: '연루되어'에는 다른 사람이 어떤 일을 하게 만들었다는 뜻이 담겨 있어.

희수: '경찰에 덜미를 잡혔다'는 '경찰이 덜미를 잡았다'와 같은 의미의 말이야.

---

3 밑줄 친 ㉠과 같은 뜻이 되도록 주어진 문장을 완성하세요.

문장 쓰기: 경찰이 (   ).

※ 주어와의 관계에 따라
알맞은 사동 표현 혹은 피동 표현 사용하기

❶ 빈칸에 알맞은 **사동 표현**을 찾아 ○표 하고, ○한 말을 넣어 완전한 문장을 쓰세요.

❷ 빈칸에 알맞은 **피동 표현**을 찾아 ○표 하고, ○한 말을 넣어 완전한 문장을 쓰세요.

---

1 아이가 연을 (　　).

（ 날다 ）

（ 날리다 ）

→ 아이가 연을 날리다.

---

1 꽃이 바람에 (　　).

（ 꺾다 ）

（ 꺾이다 ）

→

---

2 아빠가 아이의 옷을 (　　).

（ 입다 ）

（ 입히다 ）

→

---

2 갑자기 연락이 (　　).

（ 끊다 ）

（ 끊기다 ）

→

---

3 혜림이가 동생을 (　　).

（ 웃다 ）

（ 웃기다 ）

→

---

3 돌이 쌀에 (　　).

（ 섞다 ）

（ 섞이다 ）

→

❸ 주어가 '시키는/하게 만드는' 뜻이 되도록
알맞은 **사동 표현**을 사용해 문장을 완성하세요.

---

1 소희가 청소를 **맡았다**.

→ 선생님께서 소희에게 청소를 │ 맡기셨다 │ .

---

2 병에 **우유가** 가득 **찼다**.

→ 내가 병에 │　　　　　│ 가득 │　　　　　│ .

---

3 **쓰레기통이** 깨끗하게 **비었다**.

→ 연우가 │　　　　　│ 깨끗하게 │　　　　　│ .

---

❹ 주어가 '당하는/하게 되는' 뜻이 되도록
알맞은 **피동 표현**을 사용해 문장을 바꾸어 쓰세요.

---

1 창문을 세게 닫다. → 창문이 │　　　　　　　　│ .

---

2 생필품을 팔다. → 생필품이 │　　　　　　　　│ .

---

3 모기가 개를 물었다. → │　　　　　　　　　　　│ .

종결 표현

일상에서 나타나는 문법

다 **찾았어**? 빨리 **찾아**.

같이 **찾자**.

난 이미 **찾았다**.

빨리 **찾는구나**!

ㄴ 이 장소에는 특별한 아이템이 숨겨져 있습니다.

개념 만나기

종결 표현: 문장을 끝내는 데 쓰이는 표현

어떤 내용을 평범하게 전달하는 종결 표현 → '-다, -어' 등	난 이미 **찾았다**.
질문하고 대답을 요구하는 종결 표현 → '-어?, -니?' 등	다 **찾았어**?
명령하는 종결 표현 → '-아/-어, -아라/-어라' 등	빨리 **찾아**.
함께하자고 제안하는 종결 표현 → '-자, -ㅂ시다' 등	같이 **찾자**.
자신의 느낌, 감탄 등을 강하게 나타내는 종결 표현 → '-구나!, -군!' 등	빨리 **찾는구나**!

어떤 내용을 평범하게 전달하는 종결 표현 (→ 평서문)

내가 길을 <u>안내했다.</u>

어떤 내용을 평범하게 전달할 때에는 주로 '-다, -어' 등의 종결 표현을 사용하며, 마침표를 함께 씁니다. 이와 같은 성격을 가진 문장을 '평서문'이라고 합니다.

질문하는 종결 표현 (→ 의문문)

네가 길을 <u>안내했니?</u>

질문하고 대답을 요구할 때에는 주로 '-니, -어' 등의 종결 표현을 사용하며, 물음표를 함께 씁니다. 이와 같은 성격을 가진 문장을 '의문문'이라고 합니다.

명령하는 종결 표현 (→ 명령문)

길을 <u>안내해라.</u>

명령하는 내용을 쓸 때에는 주로 '-아/-어, -아라/-어라' 등의 종결 표현을 사용합니다. 이와 같은 성격을 가진 문장을 '명령문'이라고 합니다.

함께하자고 제안하는 종결 표현 (→ 청유문)

길을 <u>안내합시다.</u>

함께하자고 제안할 때에는 주로 '-자, -ㅂ시다' 등의 종결 표현을 사용합니다. 이와 같은 성격을 가진 문장을 '청유문'이라고 합니다.

자신의 느낌, 감탄 등을 강하게 나타내는 종결 표현 (→ 감탄문)

길을 잘 <u>안내했구나!</u>

듣는 사람을 의식하지 않고 자신의 느낌, 감탄 등을 강하게 나타낼 때에는 주로 '-구나, -군' 등의 종결 표현을 사용하며, 느낌표를 함께 씁니다. 이와 같은 성격을 가진 문장을 '감탄문'이라고 합니다.

1 바른 설명이 되도록 ○표 하세요.

1

'나는 토마토를 심었다.'에는

어떤 내용을 평범하게 전달하는	질문하는	명령하는	제안하는	느낌, 감탄 등을 강하게 나타내는

종결 표현이 쓰였습니다.

2

'너는 토마토를 심었니?'에는

어떤 내용을 평범하게 전달하는	질문하는	명령하는	제안하는	느낌, 감탄 등을 강하게 나타내는

종결 표현이 쓰였습니다.

3

'토마토를 심어라.'에는

어떤 내용을 평범하게 전달하는	질문하는	명령하는	제안하는	느낌, 감탄 등을 강하게 나타내는

종결 표현이 쓰였습니다.

4

'우리 토마토를 심자.'에는

어떤 내용을 평범하게 전달하는	질문하는	명령하는	제안하는	느낌, 감탄 등을 강하게 나타내는

종결 표현이 쓰였습니다.

5

'토마토를 많이 심었구나!'에는

어떤 내용을 평범하게 전달하는	질문하는	명령하는	제안하는	느낌, 감탄 등을 강하게 나타내는

종결 표현이 쓰였습니다.

---

2 종결 표현을 보고, 각 문장이 어떤 문장에 해당하는지 <보기>에서 찾아 기호를 쓰세요.

---

1 너 그 책을 읽었니? (   )

---

2 우리 그 책을 읽자. (   )

---

3 나는 그 책을 읽었다. (   )

> 보기 ㉠ 명령하는 문장 / ㉡ 제안하는 문장 / ㉢ 질문하는 문장
> ㉣ 감탄하는 문장 / ㉤ 내용을 평범하게 전달하는 문장

3 주어진 조건에 맞도록 빈칸에 알맞은 말을 <보기>에서 찾아 쓰세요.

---

1 제안하는 종결 표현 쓰기 → 손님을 반갑게 (   ).

---

2 질문하는 종결 표현 쓰기 → 손님을 반갑게 (   )?

---

3 명령하는 종결 표현 쓰기 → 손님을 반갑게 (   ).

> 보기 맞이하다 / 맞이하자 / 맞이해라 / 맞이했니

4 빈칸에 들어갈 말을 주어진 조건에 맞게 고르세요.

1 청유문 → 귀중품은 잃어버릴 수 있으니 안내 데스크에 (   ).

(보관하다)   (보관하자)

2 명령문 → 글을 꼼꼼하게 읽고, 문단별로 나누어 내용을 (   ).

(요약해)   (요약했구나)

3 의문문 → 지난번 체험 학습에 대한 보고서를 전부 (   )?

(작성해라)   (작성했어)

5 어떤 내용을 평범하게 전달하는 문장이면 '평서문'을, 감탄이나 느낌을 표현하는 문장이면 '감탄문'을 쓰세요.

1 기상청에서는 전국에 비가 내릴 것이라고 예상했다.   (   )

2 이번 산불 때문에 수많은 동물들이 삶의 터전을 잃었다.   (   )

3 이 그림은 이번 전시회에서 가장 인상적인 작품이군!   (   )

4 오늘이 드디어 기다리고 기다리던 결승전이구나!   (   )

6 다음 글을 찬찬히 읽어 보고, 앞서 배운 개념을 떠올리며 물음에 답하세요.

'크리스마스'라고 하면 우리는 빨간 털옷을 입은 산타클로스와 하얀 눈과 같은 풍경을 ㉠떠올립니다. 하지만 여러분, 햇볕이 쨍쨍 내리쬐는 여름에 크리스마스를 맞는 나라들이 있다는 것을 들어 본 적 ㉡있나요? 바로 호주와 같은 남반구 국가들이 여름에 크리스마스를 맞는 나라들입니다.

남반구의 12월은 여름이 한창인 ㉢시기입니다. 지구는 약간 기울어져서 태양 주위를 돌고 있기 때문에, 북반구가 겨울일 때 남반구는 태양 쪽으로 가까워지면서 여름을 보내게 ㉣됩니다. 이에 따라 남반구 국가들이 여름에 크리스마스를 맞이하게 되는 것입니다. ㉤뜨거운 햇볕을 맞으며 해변에서 보내는 크리스마스라니! 우리에겐 무척 신기한 풍경이지요?

과학/ 관련 주제: 지구의 자전과 계절 변화의 원인 (초등 과학)

---

1   밑줄 친 ㉠~㉣ 중 종결 표현의 성격이 <u>다른</u> 하나의 기호를   (   )
쓰세요.

---

2   밑줄 친 ㉤과 같은 성격의 종결 표현을 사용한 친구의   (   )
이름을 쓰세요.

규현: 다음 크리스마스는 호주에서 보내고 싶어.

태희: 오, 그것 참 재미있겠구나!

---

3   윗글을 읽고 나서 느낀 점을 '감탄을 나타내는 종결 표현'을 사용해 쓰세요.

문장 쓰기:

※ 글의 의도에 맞는 **종결 표현**을 사용해
다양한 종류의 문장 쓰기

❶ 빈칸에 가장 알맞은 **종결 표현**을 찾아 ○표 하고, ○한 말을 넣어 완전한 문장을 쓰세요.

---

1 너는 어디에서 (　　)?

（왔니）

（왔다）

→　너는 어디에서 왔니?

---

4 하늘이 무척 (　　).

（파랗다）

（파랗자）

→

---

2 우리 함께 바다에 (　　).

（가자）

（가라）

→

---

5 그림이 정말 (　　)!

（멋지자）

（멋지구나）

→

---

3 절대 지각하지 (　　).

（말다）

（마라）

→

---

6 무슨 책을 (　　)?

（읽었다）

（읽었니）

→

---

❷ 주어진 문장은 모두 평서문입니다.
조건에 맞도록 알맞은 **종결 표현**을 사용해 문장을 고쳐 쓰세요.

---

1 우리는 부산으로 여행을 떠났다.

청유문 → 우리 부산으로 여행을 [떠나자.]

---

2 유리가 종이비행기를 접었다.

의문문 → 유리가 종이비행기를 [   ] ?

---

3 서진이는 그림을 잘 그린다.

감탄문 → 서진이는 그림을 잘 [   ] !

---

❸ 주어진 단어 2개를 모두 활용하여, 조건에 맞는 문장을 쓰세요.

---

1 (숙소, 예약하다) → [   ] .

(명령하는 종결 표현)

---

2 (연극, 관람하다) → [   ] .

(제안하는 종결 표현)

---

3 (바람, 썰렁하다) → [   ] .

(내용을 평범하게 전달하는 종결 표현)

문장의 호응

일상에서 나타나는 문법

> 오늘은 더운 여름날, 한낮의 **온도가 뜨겁다**.
> 나는 너무 더워서 가게에 들어갔다.
> 가게 안에는 에어컨이 켜져 있어 **전혀 더웠다**.
> **나는 먹었다**. 아주 맛있었다.
>
> ✓ 번역 결과가 나왔습니다

개념 만나기

문장의 호응: 앞에 나온 말과 뒤에 나온 말을 어울리게 연결해 바른 문장이 되게 하는 것

주어와 서술어의 호응

온도가 **뜨겁다**
(→ 높다)

이 문장의 주어는 '온도가'입니다. 온도는 따뜻함과 차가움의 정도를 뜻하므로, 서술어 '뜨겁다'는 주어와 호응하지 않습니다.

부사어와 서술어의 호응

전혀 **더웠다**
(→ 덥지 않았다)

'전혀'는 뒤에 부정 표현이 오는 부사어입니다. 서술어 '더웠다'는 긍정 표현이므로, '전혀'와 호응하지 않습니다.

필요한 문장 성분의 생략 여부

'나는 먹었다'에는 문장의 필수 성분인 목적어가 생략되어 있습니다. 목적어가 생략되면 무엇을 먹은 것인지 알 수 없으므로, 문장이 호응하지 않습니다.

나는 먹었다
(→ 나는 빙수를 먹었다)

과자의 양이 <u>크다</u>.

제시된 문장에서 주어는 '양이'인데, '양'은 적고 많은 정도를 나타내는 말입니다. 따라서 크기를 나타내는 서술어 '크다'는 주어와 호응하지 않는 말이므로, '많다/적다' 등으로 고쳐 써야 합니다.

문장으로 개념 알기   **1**   바른 설명이 되도록 ○표 하세요.

---

1   **'키가 적다.'**는 | 주어와 서술어 | 부사어와 서술어 | 가

| 호응하는 | 호응하지 않는 | 문장입니다.

---

2   **'몸무게가 많다.'**는 | 주어와 서술어 | 부사어와 서술어 | 가

| 호응하는 | 호응하지 않는 | 문장입니다.

필요한 문장 성분이 생략된 경우

<u>바람</u>과 비가 내리다.

제시된 문장에는 '비'와 호응하는 서술어 '내리다'만 나타나 있고, '바람'과 호응하는 서술어는 생략되어 있습니다. 서술어는 없으면 문장이 성립되지 않는 필수 성분입니다. 따라서 '바람이 불고 비가 내리다' 등으로 고쳐 써야 합니다.

그다지/별로/결코/ 전혀 기쁘다

부사어 중에는 뒤에 특정한 서술어가 오는 것들이 있습니다. '그다지/별로/결코/전혀' 등은 뒤에 부정 표현이 오는 부사어이므로, '기쁘다'와는 호응하지 않습니다. 따라서 부정 표현을 사용해 '기쁘지 않다' 등으로 고쳐 써야 합니다.

예) 비록 + -ㄹ지라도/-지마는 [양보], 만약 + -(으)면 [가정]
　　아무리 + -(이)라도 [정도]

2 바른 설명이 되도록 ○표 하세요.

1

'**별로 깨끗하다.**'는 │ 주어와 서술어 │ 부사어와 서술어 │ 가

│ 호응하는 │ 호응하지 않는 │ 문장입니다.

2

'**비록 슬프다.**'는 │ 주어와 서술어 │ 부사어와 서술어 │ 가

│ 호응하는 │ 호응하지 않는 │ 문장입니다.

3 바른 설명이 되도록 ○표 하세요.

'**비와 천둥이 쳤다.**'는 문장의 필수 성분이 │ 생략 │ 첨가 │ 되어

있으므로, │ 호응하는 │ 호응하지 않는 │ 문장입니다.

4 문장의 호응이 바르게 되도록 빈칸에 알맞은 말을 고르세요.

---

1 (   ) 용서치 않겠다.   (결코)   (만약)

---

2 (   ) 안 좋아 보인다.   (아마)   (별로)

---

3 소리가 크게 (   ).   (들었다)   (들렸다)

---

4 내 꿈은 배우가 (   ).   (되고 싶다)   (되는 것이다)

---

5 문장의 호응이 바르게 되도록 빈칸에 알맞은 말을 <보기>에서 찾아 쓰세요.

---

1 전혀 사실이 (   ).   → (   )

---

2 오늘의 기온이 (   ).   → (   )

---

3 밥의 양이 (   ).   → (   )

---

4 이삿짐 무게가 (   ).   → (   )

(보기)   낮다 / 가볍다 / 아니다 / 적었다

6 문장의 호응이 바르게 되도록 빈칸에 알맞은 말을 고르세요.

1. 아무리 돈이 (   ) 물건을 훔쳐선 안 된다.   (없으면)   (없어도)

2. 만약 그 선수를 교체하지 (   ) 어땠을까?   (않았다면)   (않았지만)

3. 비록 험난한 (   ) 우리는 포기하지 않겠다.   (길이라서)   (길이라도)

4. 지민이의 취미는 친구들과 함께 (   ).   (농구한다)   (농구하기다)

7 밑줄 친 말을 참고하여 문장의 호응이 바르면 ○표, 바르지 않으면 X표 하세요.

1. 이 도자기의 **특징은** 무늬가 **섬세하다는 것이다.**   (   )

2. 나의 **목표는** 다음 방학 때 책을 다섯 권 **읽고 싶다.**   (   )

3. **영호 할머니께서는** 집 앞의 **밭에서** 해마다 **수확하신다.**   (   )

4. 우리의 의견이 정책에 **그다지 반영되지 않아** 실망했다.   (   )

8 다음 글을 찬찬히 읽어 보고, 앞서 배운 개념을 떠올리며 물음에 답하세요.

오늘 학교 도서관에서 이순신 장군 위인전을 읽었다. 위인전에는 인상 깊은 부분이 많았지만, 가장 기억에 남는 것은 역시 명량 대첩에 관한 이야기였다. 명량 대첩은 1597년 정유재란 당시 이순신 장군이 명량에서 ㉠일본군을 크게 무찔렀다. 이순신 장군은 이 전투에서 단 13척의 배로 133척에 달하는 일본 수군을 격파하며 우리 바다를 지켰다.

당시 조선 조정에서는 이순신 장군에게 이 전투를 포기하라고 권했다고 한다. 하지만 장군은 (㉡) 포기하지 않았다. (㉢) 어려운 상황이라도 끝까지 싸워 바다를 지킨 것이다. 나는 힘든 일은 해 보지도 않고 포기하곤 했는데, 이 이야기를 읽으며 내 태도를 반성하게 되었다.

역사 / 관련 주제: 역사적 인물을 통해 국가적 위기의 극복 과정 탐색하기 (초등 사회)

---

1 밑줄 친 ㉠이 문장의 주어 '명량 대첩은'과 호응하도록 빈칸에 알맞은 말을 쓰세요.

일본군을 크게 무찔렀다. → 일본군을 크게 (   ) 전투이다.

---

2 문장의 호응이 바르게 되도록 윗글의 ㉡과 ㉢에 가장 알맞은 부사어를 <보기>에서 찾아 쓰세요.

<보기> 결코
아마
반드시
아무리

(㉡:   )

(㉢:   )

---

3 다음은 윗글을 읽고 난 뒤 연주의 반응입니다. 앞에 나온 말과 문장의 호응이 바르게 되도록, 빈칸에 알맞은 말을 떠올려 문장을 완성하세요.

문장 쓰기: 만약 이순신 장군이 (   ).

※ 앞뒤가 자연스럽게 연결되는 문장 쓰기
※ 문장 성분이 바르게 구성된 문장 쓰기

❶ **주어와 서술어가 호응**하는 말을 찾아
○표 하고, ○한 말을 넣어 완전한 문장을
쓰세요.

❷ **부사어와 서술어가 호응**하는 말을 찾아
○표 하고, ○한 말을 넣어 완전한 문장을
쓰세요.

1 　　　　앞이 잘 안 (　　　).

(보다)

(보이다)

→　　　앞이 잘 안 보이다.

1 　　　날씨가 별로 (　　　).

(좋다)

(좋지 않다)

→

2 　　　소매 길이가 (　　　).

(작다)

(짧다)

→

2 　만약 내가 (　　　) 어떨까?

(부자라면)

(부자라도)

→

3 　　아기의 체온이 (　　　).

(높다)

(뜨겁다)

→

3 　(　　　) 예상하지 못했다.

(전혀)

(반드시)

→

❸ 문장의 호응이 바르게 되도록
밑줄 친 말을 고쳐 쓰세요.

---

1 생크림의 단점은 보관이 **힘들다**.

→ 생크림의 단점은 보관이 〔 힘들다는 것이다. 〕

---

2 아무리 **당황하지만** 거짓말은 하지 마.

→ 아무리 〔　　　　　　　　　〕 거짓말은 하지 마.

---

3 **리코더와** 피아노를 치다.

→ 리코더 〔　　　　　　　　　〕 피아노를 치다.

---

❹ 문장의 호응이 바르게 되도록
알맞은 말을 써서 문장을 완성하세요.

---

1 나는 치킨을 그다지 〔　　　　　　　　　〕.

---

2 우리 형의 장점은 〔　　　　　　　　　〕.

---

3 하영이의 목표는 〔　　　　　　　　　〕.

배운 내용에 맞게 <보기>에서 알맞은 말을 찾아 빈칸을 채우세요!

(보기)　끝 / 생략 / 피동 / 제안

❶

□ **사동 표현**	주어가 시키는/하게 만드는 표현	엄마가 아기를 **재우다**.
□ (　　) **표현**	주어가 당하는/하게 되는 표현	신발끈이 **풀리다**.

❷ **종결 표현**　문장을 (　　　　)내는 데 쓰이는 표현

□ 어떤 내용을 평범하게 전달하는 표현 (→ 평서문)	길을 **안내했다**.
□ 질문하고 대답을 요구하는 표현 (→ 의문문)	길을 **안내했니?**
□ 명령하는 표현 (→ 명령문)	길을 **안내해라**.
□ 함께하자고 (　　　　)하는 표현 (→ 청유문)	길을 **안내합시다**.
□ 느낌, 감탄 등을 강하게 나타내는 표현 (→ 감탄문)	길을 잘 **안내했구나!**

❸ **문장의 호응**　앞에 나온 말과 뒤에 나온 말을 어울리게 연결해 바른 문장이 되게 하는 것

□ 주어와 서술어가 호응하지 않는 경우	과자의 양이 **크다**. → 많다.
□ 부사어와 서술어가 호응하지 않는 경우	별로 **기쁘다**. → 기쁘지 않다.
□ 필요한 문장 성분이 (　　　　)된 경우	**바람과 비가 내리다**. → 바람이 불고 비가 내리다.

정답 피동 - 끝 - 제안 - 생략

나만의 **문장 쓰기**

빈칸에 들어갈 말을 바르게 쓴 것을 찾아
○표 하고, ○한 말을 사용해
새로운 문장을 만드세요.

---

1   아침에 일찍 (   )?   (일어났니)   (일어나라)

   오늘 몇 시에 일어났니?

---

2   아기가 벌레에 (   ).   (물다)   (물리다)

---

3   그건 (   ) 문제가 안 된다.   (비록)   (그다지)

---

4   여름에는 기온이 (   ).   (높다)   (뜨겁다)

정답과 해설 29쪽

4단원

관용 표현

① 관용어
② 속담

둘 이상의 말이 합쳐져 원래 뜻과 다른 새로운 뜻으로
굳어져서 쓰이는 표현을 말해요.

관용 표현을 잘 사용하면 의미를 더 간단하고 재미있게 전달할 수 있어요.
수업 시간은 물론 실생활에서도 유용하게 쓰이는 표현이에요.

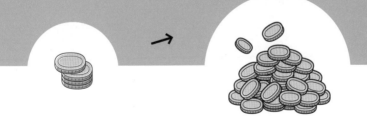

티끌 모아 태산?

관용어

일상에서 나타나는 문법

원조 할매 삼계탕
30년 장인 정신! 삼계탕 한 우물만 파 온 집

눈이 번쩍
뜨이는 맛이야!

개념 만나기

관용어: 둘 이상의 말이 합쳐지면서
원래의 뜻과 다른 새로운 의미로 굳어져서 쓰이는 표현

눈(이) + 번쩍 + 뜨이다　　　　(둘 이상의 말)　　　**눈이 번쩍 뜨이는 맛**
▶ 정신이 갑자기 들다.　　　　　(새로운 의미)

한 + 우물(을) + 파다　　　　　(둘 이상의 말)　　　**한 우물만 파 온 집**
▶ 한 가지 일에 몰두해 끝까지 하다.　(새로운 의미)

관용어: 둘 이상의 말이 합쳐지면서 원래의 뜻과 다른 새로운 의미로 굳어져서 쓰이는 표현

금이 가다 금(이) + 가다 ▶ 사이가 틀어지다.

손발이 맞다 손 + 발(이) + 맞다 ▶ 마음이나 의견 등이 서로 맞다.

이를 악물다 이(를) + 악물다 ▶ 힘든 일을 헤쳐 나가려고 굳게 결심하다.

손꼽아 기다리다 손 + 꼽아 + 기다리다 ▶ 기대에 차 날짜를 꼽으며 기다리다.

문장으로 개념 알기

1 바른 설명이 되도록 ○표 하세요.

1

'**친구 사이에 금이 가다**.'는

'｜ 물건이 갈라져 틈이 생기다 ｜ 사이가 틀어지다 ｜'의 뜻으로 쓰였으므로

관용어입니다.

2

'**손발이 맞는 사이다**.'는

'｜ 손발이 일치하다 ｜ 마음이나 의견이 서로 맞다 ｜'의 뜻으로 쓰였으므로

관용어입니다.

3

'**그는 지칠 때마다 이를 악물었다**.'는

'｜ 이를 마주 물다 ｜ 힘든 일을 헤쳐 나가려고 굳게 결심하다 ｜'의 뜻으로

쓰였으므로 관용어입니다.

김이 식다   김(이) + 식다 ▶ 재미나 의욕이 없어지다.

막을 열다   막(을) + 열다 ▶ 어떤 행사나 일을 시작하다.

발이 넓다   발(이) + 넓다 ▶ 사귀어 아는 사람이 많다.

+ **몸살을 앓다**: 어떤 일 때문에 고통을 겪다. / **간이 떨어지다**: 순간 몹시 놀라다.
애간장이 타다: 몹시 초조하고 걱정되다.

2   바른 설명이 되도록 ○표 하세요.

1

'그 일에 <u>김이 식다.</u>'는

' | 더운 기운이 없어지다 | 재미나 의욕이 없어지다 | '의 뜻으로 쓰였으므로

관용어입니다.

2

'대회가 <u>막을 열다.</u>'는

' | 칸을 막는 천을 열다 | 어떤 행사나 일을 시작하다 | '의 뜻으로 쓰였으므로

관용어입니다.

3

'지구가 쓰레기로 <u>몸살을 앓다.</u>'는

' | 몹시 피로해 병이 나다 | 어떤 일 때문에 고통을 겪다 | '의 뜻으로 쓰였으므로

관용어입니다.

3 밑줄 친 말이 관용어이면 ○표, 관용어가 아니면 X표 하세요.

1   창문에 **금이 갔다**.   (   )

2   놀라서 **간 떨어지겠다**.   (   )

3   다칠까 봐 **애간장이 타다**.   (   )

4   찌개의 **김이 식었다**.   (   )

4 관용어가 바르게 되도록 빈칸에 알맞은 말을 <보기>에서 찾아 쓰세요.

1   놀라서 (   )이 번쩍 뜨이다.

2   기념일을 (   )꼽아 기다리다.

3   규리는 무척 (   )이 넓다.

4   그런 말은 (   )에 담지 마라.

| 보기 | 입 / 눈 / 손 / 발 / 목 |

5 밑줄 친 관용어가 무슨 뜻으로 쓰였는지 추측하여 알맞은 것에 ○표 하세요.

1 영화를 보기 전에 결말을 알게 되다니 정말 **김이 식는군**.

　㉠ 거리낌 없이 아주 쉽게 하다.　　㉡ 재미나 의욕이 없어지다.

2 너는 꼭 이렇게 다 된 일에 **재를 뿌려야** 속이 시원하니?

　㉠ 정신이 갑자기 들다.　　㉡ 일, 분위기 따위를 망쳐 놓다.

3 소미는 시합에서 1등을 하자 **천하를 얻은 듯** 기뻐했다.

　㉠ 매우 기쁘고 만족스럽다.　　㉡ 몹시 초조하고 걱정되다.

6 내용이 자연스럽게 이어지도록 빈칸에 알맞은 관용어를 찾아 쓰세요.

1 그 사이 좋던 형제의 우애에 그만 (　　　　　　) 말았다.

2 태하는 사촌 동생을 만날 날을 (　　　　　　) 기다린다.

3 월드컵이 드디어 (　　　　　　) 조별 예선에 돌입했다.

4 지수는 숨이 찼지만 결승선을 향해 (　　　　　　) 뛰었다.

> 보기　　손꼽아　/　금이 가고　/　이를 악물고　/　막을 열고

7 다음 글을 찬찬히 읽어 보고, 앞서 배운 개념을 떠올리며 물음에 답하세요.

드디어 '○○시 어린이 축구 대회'가 ㉠막을 열었습니다! 우리 어린이들이 ㉡손꼽아 기다려 온 대회이지요? 준비 위원회는 벌써부터 쏟아지는 문의 전화로 ㉢몸살을 앓고 있다고 합니다. 작년에는 '꿈동산 어린이 축구단'이 ㉣영광스러운 우승컵을 차지했는데요. 결승전에서 승부차기로 우승컵의 행방이 정해지면서 많은 관중들의 ㉤애간장을 타게 했었지요. 지난 대회 MVP를 차지했던 손지성 어린이는 "우리 팀이 우승한 순간을 평생 잊지 못할 것 같다"는 소감을 남기기도 했습니다.

올해 우승컵의 주인공은 어떤 팀이 될까요? (가)착착 손발 맞는 경기력을 맘껏 뽐내어 줄 축구 꿈나무들, 여러분의 많은 지원을 기다립니다!

일상/ 관련 주제: 매체에 따른 다양한 읽기 (초등 국어)

1   밑줄 친 ㉠~㉤ 중 관용어가 <u>아닌</u> 것의 기호를 쓰세요.   (   )

2   다음을 읽고 빈칸에 알맞은 관용어를 ㉠~㉤ 중에서 찾아 기호를 쓰세요.

승부차기는 축구 경기에서 정규 시간과 연장전이 끝난 뒤에도 승부를 가리지 못했을 때, 양 팀에서 각각 5명의 선수가 나와 한 번씩 번갈아 페널티 킥을 차는 것을 말합니다. 매우 긴장되는 순간이기 때문에 많은 팬들의 (   ) 만드는 방식입니다.

3   (가)에 나타난 관용어를 찾아 쓰고, 이 관용어를 활용해 짧은 문장을 만드세요.

((가)의 관용어:)

문장 쓰기:

※ 관용어의 뜻을 알고, 상황에 따라 바르게 쓰기

❶ 빈칸에 알맞은 **관용어**를 찾아 ○표 하고, ○한 말을 넣어 완전한 문장을 쓰세요.

1　　수학 시험을 (　　　).

(손이 맵다)

(죽을 쑤다)

→　수학 시험을 죽을 쑤다.

4　　옷이 (　　) 않는다.

(막을 열지)

(눈에 차지)

→

2　　생일을 (　　) 기다리다.

(손꼽아)

(금이 가)

→

5　　놀라서 (　　) 뻔했네.

(입에 담을)

(간 떨어질)

→

3　　돈을 (　　) 쓰다.

(물 쓰듯)

(애간장이 타게)

→

6.　　(　　) 일 년이 지났다.

(눈 깜짝할 사이)

(발 벗고 나서서)

→

---

② 주어진 상황에 맞는 **관용어**를 떠올려,
빈칸에 알맞은 말을 쓰세요.

---

1   월드컵 날짜를 확인하며 기다리는 중인 태형이

→ 태형이는 월드컵을 | 손꼽아 기다렸다. |

---

2   주변에 친한 사람이 많은 지원이

→ 지원이는 | | .

---

3   순간 정신이 번쩍 든 유주

→ 유주는 순간 눈이 | | .

---

③ 주어진 **관용어**와 자연스럽게 연결되도록 문장을 완성하세요.

---

1 | | 의 막이 열렸다.

---

2   나는 천하를 얻은 듯 | | .

---

3 | | 손발이 잘 맞는다.

속담

오늘의 중계석

호랑이 축구단이
드디어 연패를 끊고 승리했습니다!
쥐구멍에도 볕 들 날이 있다는
말이 생각나는군요.

백지장도 맞들면 낫다고,
작은 부분에서부터 선수들의
협력 플레이가 돋보였습니다.

개념 만나기

속담: 예부터 전해 내려오는 삶의 교훈을 담고 있는 말

몹시 고생하는 삶에도 좋은 운이 들 날이 있다.　　⟶　　**쥐구멍에도 볕 들 날이 있다**더니

쉬운 일이라도 함께 힘을 모으면 훨씬 쉽다.　　⟶　　**백지장도 맞들면 낫다**고

속담: 예부터 전해 내려오는 삶의 교훈을 담고 있는 말

소 잃고 외양간 고친다. ▶ 일이 잘못된 뒤에 손을 써도 소용없다.

천 리 길도 한 걸음부터. ▶ 무슨 일이든 시작이 중요하다.

발 없는 말이 천 리 간다. ▶ 말은 순식간에 퍼지므로 조심해야 한다.

문장으로 개념 알기

1 바른 설명이 되도록 ○표 하세요.

1

'**소 잃고 외양간 고친다.**'는

'| 일이 잘못된 뒤에 손을 써도 소용없다 | 무슨 일이든 시작이 중요하다 |'라는

뜻의 속담입니다.

2

'**천 리 길도 한 걸음부터.**'는

'| 일이 잘못된 뒤에 손을 써도 소용없다 | 무슨 일이든 시작이 중요하다 |'라는

뜻의 속담입니다.

3

'**발 없는 말이 천 리 간다.**'는

'| 말은 순식간에 퍼지므로 조심해야 한다 | 사람의 긴밀한 관계 |'라는 뜻의

속담입니다.

티끌 모아 태산. ▶ 작은 것도 모이면 나중에 큰 것이 된다.

배보다 배꼽이 더 크다. ▶ 기본적인 것보다 덧붙이는 게 크다.

바늘 가는 데 실 간다. ▶ 사람의 긴밀한 관계.

+ **쇠뿔도 단김에 빼라**: 어떤 일이든 망설이지 말고 곧 행동으로 옮겨야 한다.
까마귀 고기를 먹었나: 잘 잊어버리는 사람을 나무라는 말.
하나를 보고 열을 안다: 일부를 보고 전체를 미루어 안다.

---

2 바른 설명이 되도록 ○표 하세요.

1

'**티끌 모아 태산.**'은

' 작은 것도 모이면 나중에 큰 것이 된다 | 기본적인 것보다 덧붙이는 게 크다 '

라는 뜻의 속담입니다.

2

'**배보다 배꼽이 더 크다.**'는

' 작은 것도 모이면 나중에 큰 것이 된다 | 기본적인 것보다 덧붙이는 게 크다 '

라는 뜻의 속담입니다.

3

'**바늘 가는 데 실 간다.**'는

' 말은 순식간에 퍼지므로 조심해야 한다 | 사람의 긴밀한 관계 '라는 뜻의

속담입니다.

---

3 각 속담의 뜻이 바르게 연결된 것에는 ○표, 바르게 연결되지 않은 것에는 X표 하세요.

---

1 백지장도 맞들면 낫다.

→ 무슨 일이든 시작이 중요하다.　　　　　　　(　　　　　)

---

2 천 리 길도 한 걸음부터.

→ 사람의 긴밀한 관계.　　　　　　(　　　　　)

---

3 쇠뿔도 단김에 빼라.

→ 어떤 일이든 망설이지 말고 행동으로 옮겨야 한다.　(　　　　　)

---

4 알맞은 속담이 되도록 빈칸에 공통으로 들어갈 말을 <보기>에서 찾아 쓰세요.

---

1 발 없는 (　)이 천 리 간다.

가는 (　)이 고와야 오는 (　)이 곱다.　→ (　　　　　)

---

2 (　)를 보고 열을 안다.

(　)만 알고 둘은 모른다.　→ (　　　　　)

---

3 고양이 앞에 (　).

(　)구멍에도 볕 들 날 있다.　→ (　　　　　)

보기　　말 / 쥐 / 하나 / 하루

5 각 문장에 어울리는 속담을 찾아 ○표 하세요.

1 가격 계산을 못하는 것을 보니 저 친구는 수학을 못할 거야.

㉠ 소 잃고 외양간 고친다.　　㉡ 하나를 보고 열을 안다.

2 승연이와 우석이는 사이가 무척 좋아서 하루 종일 붙어 다닌다.

㉠ 바늘 가는 데 실 간다.　　㉡ 천 리 길도 한 걸음부터.

3 우영이는 방금 전 읽은 책의 제목이 도통 기억나지 않았다.

㉠ 까마귀 고기를 먹었나.　　㉡ 백지장도 맞들면 낫다.

6 상황과 어울리는 속담이 바르게 연결된 것에는 ○표, 바르게 연결되지 않은 것에는 X표 하세요.

1 한나는 운동을 하겠다고 마음먹자마자 바로 체육관에 갔다.
→ 쇠뿔도 단김에 빼라.　　(　　　)

2 나는 짝에게만 말한 비밀이 반 전체에 퍼진 것을 알게 되었다.
→ 발 없는 말이 천 리 간다.　　(　　　)

3 현주는 곁들여 먹는 샐러드가 밥보다 비싼 것을 보고 놀랐다.
→ 낮말은 새가 듣고 밤말은 쥐가 듣는다.　　(　　　)

7 다음 글을 찬찬히 읽어 보고, 앞서 배운 개념을 떠올리며 물음에 답하세요.

'(㉠   )'는 속담이 있습니다. 콩을 심은 곳에 팥이 날 리 없고, 팥을 심은 곳에 콩이 날 리 없다는 표현이지요. 이 속담이 의미하는 것은 무엇일까요?

이 속담에는 '모든 일은 원인에 따라 거기에 걸맞은 결과가 나타난다'는 교훈이 담겨 있습니다. 일찍 출발한 사람이 목적지에 일찍 도착하고, 열심히 공부한 사람이 시험에서 좋은 점수를 받는 것은 당연한 결과입니다. 결국 자신이 어떤 준비를 하고 얼마나 노력했는지에 따라 결과가 달라지는 것이기 때문입니다. 이 속담을 통해 열심히 노력하지 않고서 좋은 결과를 바라는 건 욕심이란 것을 깨달을 수도 있겠지요. '(㉡   )' 또한 이와 비슷한 교훈을 담은 속담입니다.

국어 생활/ 관련 주제: 관용 표현 이해하고 활용하기 (초등 국어)

---

1 ㉠에 해당하는 속담은 무엇인지 추측하여, 빈칸에 알맞은 말을 쓰세요.

(   ) 심은 데 콩 나고, (   ) 심은 데 팥 난다.

---

2 ㉡에 알맞은 속담을 찾아 ○표 하세요.

| 가재는 게 편. | 대나무에서 대 난다. |

---

3 아래 <예시>를 참고하여, 윗글에서 배운 속담에 어울리는 상황을 한 가지 떠올려 쓰세요.

예시 재민이는 양치질을 잘 하지 않아서 충치가 생겼다.

문장 쓰기:

※ 속담과 그 뜻을 알고, 상황에 따라 바르게 쓰기

❶ 빈칸에 알맞은 말을 찾아 ○표 하고, ○한 말을 넣어 완전한 **속담**을 쓰세요.

1 천 리 ( )도 한 걸음부터.

(말)

(길)

→ 천 리 길도 한 걸음부터.

4 고양이 앞에 ( ).

(소)

(쥐)

→

2 가재는 ( )편.

(게)

(새우)

→

5 하나를 보고 ( )을 안다.

(일)

(열)

→

3 ( ) 고기를 먹었나.

(비둘기)

(까마귀)

→

6 배보다 ( )이 더 크다.

(배꼽)

(가슴)

→

❷ 주어진 상황에 맞는 **속담**을 떠올려,
빈칸에 알맞은 말을 쓰세요.

---

1 팔씨름 왕인 삼촌에게 시합을 신청한 5살 민재

→ 하룻강아지 범 무서운 줄 모른다.

---

2 친구에게 나쁜 말을 했다가 똑같이 돌려받은 영우

→ 가는 말이 _____ 오는 말이 _____ .

---

3 매번 사업에 실패했다가 복권에 당첨된 고모부

→ 쥐구멍에도 _____ 있다.

---

❸ 바른 **속담**이 되도록 빈칸에 알맞은 말을 쓰세요.

---

1 소 잃고 _____ .

---

2 쇠뿔도 _____ .

---

3 바늘 가는 데 _____ .

문법 개념 정리

배운 내용에 맞게 <보기>에서 알맞은 말을 찾아 빈칸을 채우세요!

보기   발 / 눈 / 교훈

❶ **관용어** 둘 이상의 말이 합쳐지면서 원래의 뜻과 다른 새로운 의미로 굳어져서 쓰이는 표현

☐ (   )이 번쩍 뜨이다.   정신이 갑자기 들다.

- -

☐ 한 우물을 파다.   한 가지 일에 몰두해 끝까지 하다.

- -

☐ 손발이 맞다.   마음이나 의견 등이 서로 맞다.

- -

☐ (   )이 넓다.   사귀어 아는 사람이 많다.

❷ **속담** 예로부터 전해 내려오는 삶의 (   )을 담고 있는 말

☐ 소 잃고 외양간 고친다.   일이 잘못된 뒤에 손을 써도 소용없다.

- -

☐ 발 없는 말이 천 리 간다.   말은 순식간에 퍼지므로 조심해야 한다.

- -

☐ 티끌 모아 태산.   아무리 작은 것도 모이면 큰 것이 된다.

- -

☐ 백지장도 맞들면 낫다.   쉬운 일이라도 함께 힘을 모으면 훨씬 쉽다.

교훈 - 류 - 곡 君윤

나만의 **문장 쓰기**

빈칸에 알맞은 말을 찾아 ○표 하고,
○한 관용 표현을 활용해
새로운 문장을 만드세요.

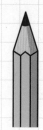

1   (   ) 못할 욕을 하다.   (발이 넓지)   (입에 담지)

그런 말을 입에 담아선 안 된다.

2   쓰레기 문제로 (   ).   (눈에 담았다)   (몸살을 앓았다)

3   용돈을 (   ) 써 버렸다.   (물 쓰듯)   (바늘 가는 데)

4   성공하려면 (   ).   (한 우물만 파라)   (고양이 앞에 쥐)

정답과 해설 29쪽

5단원

우리말 바르게 읽고 쓰기

❶ 올바른 표기
❷ 올바른 발음① 겹받침
❸ 올바른 발음② 이중 모음

맞춤법에 맞게 우리말을 표기하고, 바르게 발음하는 법을 알아요.

우리말을 바르게 읽고 쓸 줄 아는 것은 국어 생활의 가장 기초적인 부분이에요.
헷갈리지 않도록 꼼꼼한 학습이 필요해요.

않 하얗다? (X)　　안 하얗다! (○)

교과 연계

초등	국어 4-1 9. 〈자랑스러운 한글〉 6-2 7. 〈글 고쳐 쓰기〉

중·고등	중등 국어 2 〈단어의 정확한 발음과 표기〉 고등 국어-언어와 매체 〈표준 발음법〉, 〈한글 맞춤법〉

1 올바른 표기

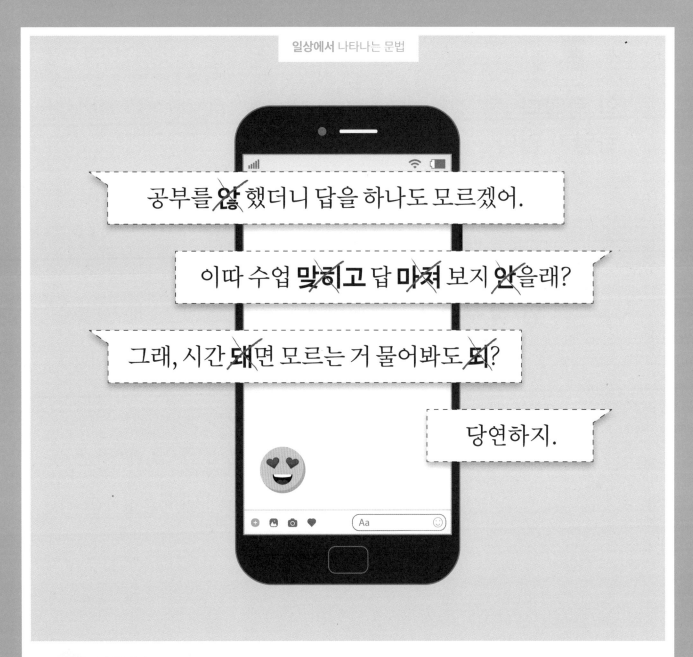

안 하얗다
하얗지 않다
(=아니 하얗다/하얗지 아니하다)

'안'은 '아니'를 줄여 쓴 말이고, '않'은 '아니하-'를 줄여 쓴 말입니다. '안'과 '않'이 헷갈릴 때에는 이 자리에 '아니'와 '아니하-'를 대신 넣어 보면 힌트를 얻을 수 있습니다. 또 동사나 형용사로 쓰이는 '않'과 달리, '안'은 동사나 형용사 앞에서 부사로 쓰인다는 특징도 있습니다.

문장으로 개념 알기　　　**1**　　바른 설명이 되도록 ◯표 하세요.

1　　'**안/않 무겁다.**'는 '| 아니 무겁다 | 아니하 무겁다 |'로 바꾸어 쓸 수

있으므로, '| 안 | 않 | 무겁다'가 바른 표기입니다.

2　　'**높지 안다/않다.**'는 '| 높지 아니다 | 높지 아니하다 |'로 바꾸어 쓸 수

있으므로, '높지 | 안다 | 않다 |'가 바른 표기입니다.

발음이 같은 말 바르게 쓰기

손을 <u>다치다</u> / 문이 <u>닫히다</u>
속도가 <u>느리다</u> / 줄을 <u>늘이다</u>
편지를 <u>부치다</u> / 풀로 <u>붙이다</u>
<u>반드시</u> 하겠다 / <u>반듯이</u> 놓다

발음이 같은 말은 소리는 비슷하지만 다른 뜻으로 쓰이는 말들입니다. 따라서 앞뒤 내용을 파악해 그 단어가 사용된 맥락을 알면 바른 표기를 알 수 있습니다.

가수가 되다
가수가 돼서
(=되어서)

'돼'는 '되어'를 줄여 쓴 말입니다. '되'와 '돼'가 헷갈릴 때에는 '되어'를 대신 넣어 보고, '되어'를 쓸수 있는 자리에 '돼'를 씁니다. 예시에 적용해 보면, '가수가 되어다'는 말이 되지 않지만 '가수가 되어서'는 쓸 수 있는 표현입니다. 따라서 '되다', '돼서'로 쓰는 것이 바른 표기입니다.

2 바른 설명이 되도록 ○표 하세요.

1
'**안 되/돼**.'는 '안 되어'로 바꾸어 쓸 수 | 있으므로 | 없으므로 |,

'안 | 되 | 돼 |'가 바른 표기입니다.

2
'**말이 되다/돼다**.'는 '되어다'로 바꾸어 쓸 수 | 있으므로 | 없으므로 |,

'말이 | 되다 | 돼다 |'가 바른 표기입니다.

3 바른 설명이 되도록 ○표 하세요.

'**택배를 부치다/붙이다**.'는 '물건 따위를 보내다'라는 뜻으로

쓰였으므로, '택배를 | 부치다 | 붙이다 |'가 바른 표기입니다.

4 빈칸에 표기가 알맞은 말을 고르세요.

---

1 아직 숙제 (　　　) 했니?　　　　　　　　　　(안)　(않)

---

2 물이 차갑지 (　　　)다.　　　　　　　　　　(안)　(않)

---

3 경찰관이 (　　　)고 싶어.　　　　　　　　　(되)　(돼)

---

4 네가 다 먹어도 (　　　).　　　　　　　　　(되)　(돼)

---

5 빈칸에 표기가 알맞은 말을 고르세요.

---

1 현관문이 쾅 (　　　).　　　　　　　(다치다)　(닫히다)

---

2 달팽이는 매우 (　　　).　　　　　　(느리다)　(늘이다)

---

3 (　　　) 돌아와야 한다.　　　　　　(반드시)　(반듯이)

---

4 벽에 포스터를 (　　　).　　　　　　(부치다)　(붙이다)

---

6 맞춤법이 바르게 되도록 빈칸에 알맞은 말을 고르세요.

1   새로 출시된 제품의 기능은 터무니없이 (   ) 있다.

(과장되어)   (과장돼어)

2   새로 산 바지가 너무 짧아 바짓단을 길게 (   ).

(느렸다)   (늘였다)

3   자막이 (   ) 달려 있으니 무슨 말을 하는지 모르겠네.

(안)   (않)

7 밑줄 친 말의 맞춤법이 바르면 ○표, 바르지 않으면 X표 하세요.

1   유제품을 제대로 보관하지 **않으면** 금방 상할 수 있다.   (   )

2   실험 결과 그 과학자의 주장은 사실인 것으로 **증명됬다**.   (   )

3   구조대는 3박 4일의 힘든 일정을 **맞히고** 남하하였다.   (   )

4   노력하지 않고 남의 것을 모방하기만 해서는 **안 돼**.   (   )

8 다음 글을 찬찬히 읽어 보고, 앞서 배운 개념을 떠올리며 물음에 답하세요.

우리나라 명절인 추석과 설날은 해마다 날짜가 달라집니다. 왜 우리나라 명절은 항상 같은 날이 아니라 매해 다른 날이 되는 것일까요?

그 까닭은 우리나라의 명절이 '음력'을 기준으로 정해진 것이기 때문입니다. 동양에서는 달의 모양 변화에 따라 달력을 만들었는데, 이 달력을 음력이라고 합니다. 예를 들어 음력의 매달 1일에는 달이 잘 보이지 ㉠안으며, 달이 점점 커지면서 완전한 보름달이 ㉡되는 날에 15일이 ㉢됩니다. 하지만 현대의 달력은 태양의 움직임을 바탕으로 만든 양력을 기준으로 삼고 있습니다. 이처럼 양력과 음력의 날짜를 세는 기준이 다르기 때문에, 음력을 기준으로 정해진 추석과 명절의 날짜 또한 매해 달라지게 되는 것입니다.

과학/ 관련 주제: 달의 위치와 모양 변화 (초등 과학)

---

1 밑줄 친 ㉠을 맞춤법에 맞게 고쳐 쓰세요. (   )

---

2 밑줄 친 ㉡, ㉢에 대해 바르게 설명한 친구의 이름을 쓰세요. (   )

하니: ㉡의 '되는'은 '돼는'으로 고쳐 쓰는 것이 적절해.

도은: ㉡과 ㉢의 '되'는 모두 적절하게 쓰였어.

연우: ㉡은 맞게 썼지만, ㉢은 '됩니다'로 고쳐 쓰는 것이 적절해.

---

3 다음은 윗글을 읽고 난 뒤 재하의 반응입니다. 괄호 안에 알맞은 말을 찾아 ○표 하고, 이 말을 사용해 짧은 문장을 만드세요.

재하: 오늘은 2일이라 달이 잘 (안, 않) 보이네.

문장 쓰기:

문법에 맞게 쓰기

※ 표기가 헷갈리는 말에 유의하며,
맞춤법에 맞는 문장 쓰기

❶ 빈칸에 맞춤법상 **올바른 표기**를 찾아 ○표 하고, ○한 말을 넣어 완전한 문장을 쓰세요.

---

1 아직 밥을 (　　) 먹었다.

(안)

(않)

→　아직 밥을 안 먹었다.

---

4 그는 꼼짝 (　　) 있었다.

(안고)

(않고)

→

---

2 나는 화가가 (　　) 싶다.

(되고)

(돼고)

→

---

5 난감한 표정이 (　　).

(되다)

(돼다)

→

---

3 (　　) 이겨야 한다.

(반드시)

(반듯이)

→

---

6 알맞은 스티커를 (　　).

(부치세요)

(붙이세요)

→

---

② 밑줄 친 말을 **맞춤법**에 따라
올바른 표기로 고쳐 쓰세요.

---

1   그는 저녁때가 **되서야** 집에 돌아왔다.

→ 그는 저녁때가 ┆ 돼서야 ┆ 집에 돌아왔다.

---

2   우표를 **부친** 뒤 편지를 **붙여라**.

→ 우표를 ┆   ┆ 뒤 편지를 ┆   ┆ .

---

3   미리 말을 **않** 하고 가도 **돼니**?

→ 미리 말을 ┆   ┆ 하고 가도 ┆   ┆ ?

---

③ **맞춤법**에 맞는 **올바른 표기**가 되도록
문장을 완성하세요.

---

1   나는 반드시 ┆   ┆ .

---

2   ┆   ┆ 늘였다.

---

3   ┆   ┆ 않았다.

올바른 발음① 겹받침

일상에서 나타나는 문법

제목: 내 생일

동생의 그림일기

오늘은 내 **여덜**살 생일이었다.
→ 여덟

케이크도 먹고 내가 좋아하는 **닥꼬기**도 잔뜩 먹었다.
→ 닭고기

많이 먹으려고 점심도 **굼따가** 먹으니까 더 맛있었다.
→ 굶다가

행복한 일: 생일잔치 한 일 / 싫은 일: 하나도 **업따!**
→ 없다

개념 만나기

첫 번째 자음으로
발음하는 겹받침:
ㄳ, ㄵ/ㄶ, ㄼ/ㄽ/ㄾ/ㅀ, ㅄ

'ㄼ, ㅄ'은 모두 첫 번째 자음으로 발음하는 겹받침이므로, [여덜], [업따]와 같이 발음합니다.

여덟[여덜]
없다[업따]

두 번째 자음으로
발음하는 겹받침:
ㄺ, ㄻ, ㄿ

'ㄺ, ㄻ'은 모두 두 번째 자음으로 발음하는 겹받침이므로, [닥꼬기], [굼따가]와 같이 발음합니다.

닭고기[닥꼬기]
굶다가[굼따가]

몫[목]
앉다[안따]
짧다[짤따]
값[갑]

'ㄳ, ㄵ/ㄶ, ㄼ/ㄽ/ㄾ/ㅀ, ㅄ'은 첫 번째 자음이 대표음이므로, 'ㄱ, ㄴ, ㄹ, ㅂ'으로 발음합니다. 단 '앉아[안자]' 등과 같이 겹받침 뒤에 모음이 올 때에는, 두 자음이 모두 발음될 수 있습니다. 예외로는 겹받침 'ㄼ'이 쓰인 말 중, '밟다[밥따], 넓적하다[넙쩌카다], 넓죽하다[넙쭈카다], 넓둥글다[넙뚱글다]'가 있습니다.

*우리말에서 받침은 'ㄱ, ㄴ, ㄷ, ㄹ, ㅁ, ㅂ, ㅇ' 7개로만 발음하며, 받침 'ㄷ, ㅅ, ㅈ, ㅊ, ㅌ, ㅎ'의 대표음은 모두 'ㄷ'입니다.

단어로개념 알기

1 바른 설명이 되도록 ○표 하세요.

1 **'넋'**의 겹받침은 [첫 번째 자음 | 두 번째 자음] 이 대표음이므로

[넉] [넏] 으로 발음합니다.

2 **'얹다'**의 겹받침은 [첫 번째 자음 | 두 번째 자음] 이 대표음이므로

[언따] [얻따] 로 발음합니다.

3 **'넓다'**의 겹받침은 [첫 번째 자음 | 두 번째 자음] 이 대표음이므로

[널따] [넙따] 로 발음합니다.

4 **'가엾다'**의 겹받침은 [첫 번째 자음 | 두 번째 자음] 이 대표음이므로

[가엽따] [가엳따] 로 발음합니다.

젊다[점따]
읊다[읍따]

맑다[막따]

'ㄺ, ㄻ, ㄿ'은 두 번째 자음이 대표음이므로, 각각 'ㄱ, ㅁ, ㅂ'으로 발음합니다.* 단 '맑고[말꼬]'와 같이 동사나 형용사에서 겹받침 'ㄺ' 뒤에 대표음과 같은 자음인 'ㄱ'이 오거나, '젊어[절머]' 등과 같이 겹받침 뒤에 모음이 올 때에는, 두 자음이 모두 발음될 수 있습니다.

*우리말에서 받침은 'ㄱ, ㄴ, ㄷ, ㄹ, ㅁ, ㅂ, ㅇ' 7개로만 발음하며, 받침 'ㅍ'의 대표음은 'ㅂ'입니다.

2 바른 설명이 되도록 ○표 하세요.

1

'**낡다**'의 겹받침은 | 첫 번째 자음 | 두 번째 자음 | 이 대표음이므로

[날따] [낙따] 로 발음합니다.

2

'**붉다**'의 겹받침은 | 첫 번째 자음 | 두 번째 자음 | 이 대표음이므로

[불따] [북따] 로 발음합니다.

3

'**삶다**'의 겹받침은 | 첫 번째 자음 | 두 번째 자음 | 이 대표음이므로

[살따] [삼따] 로 발음합니다.

4

'**읊조리다**'의 겹받침은 | 첫 번째 자음 | 두 번째 자음 | 이 대표음이므로

[을쪼리다] [읍쪼리다] 로 발음합니다.

3 밑줄 친 말의 겹받침을 무엇으로 발음하는지 고르세요.

1 **넋** 놓고 있지 마라. (첫 번째 자음) (두 번째 자음)

2 막대사탕을 **핥**다. (첫 번째 자음) (두 번째 자음)

3 덩치 **값**도 못한다. (첫 번째 자음) (두 번째 자음)

4 감자가 알이 **굵**다. (첫 번째 자음) (두 번째 자음)

4 밑줄 친 말을 바르게 발음한 것을 고르세요.

1 돼지고기를 푹 **삶다**. ([살따]) ([삼따])

2 감이 무척 **떫다**. ([떨따]) ([떱따])

3 자리에 조용히 **앉다**. ([안따]) ([안따])

4 오늘은 하늘이 **맑다**. ([말따]) ([막따])

5 밑줄 친 말을 바르게 발음한 것을 모두 찾아 ○표 하세요.

---

1 이 피아노의 가격은 차 한 대의 **값과**[갑꽈] 비슷하다.　　(　　　　)

---

2 나는 다빈이의 아름다운 마음씨를 **닮고**[달꼬] 싶다.　　(　　　　)

---

3 이 그림에는 선을 더 **얇게**[얍께] 그리는 게 어울리겠다.　　(　　　　)

---

4 국수 위에 달걀지단을 고명으로 **얹고**[언꼬] 김을 뿌렸다.　　(　　　　)

---

6 겹받침의 올바른 발음에 주의하며 밑줄 친 말을 소리 나는 대로 쓰세요.

---

1 이것 참, **닭** 쫓던 개 지붕 쳐다보는 신세가 되었네.　　(　　　　)

---

2 그 사람은 겉에 보이는 것과 달리 아직 나이가 **젊다**.　　(　　　　)

---

3 이 밭길은 산의 남쪽 **기슭**까지 길게 이어져 있다.　　(　　　　)

---

4 현재의 가족이 새로 이사한 집은 거실이 무척 **넓다**.　　(　　　　)

---

7 다음 글을 찬찬히 읽어 보고, 앞서 배운 개념을 떠올리며 물음에 답하세요.

장수풍뎅이는 우리나라에 살고 있는 풍뎅이 중 가장 친숙한 곤충이다. 주로 숲속의 참나무에서 발견되며, 나무에 흐르는 진을 빨아먹고 산다.

장수풍뎅이의 몸통은 흑갈색이나 적갈색을 띠고, 긴 타원형이다. 또 더듬이는 ㉠짧고 뭉툭하며, 다리와 몸통은 비교적 ㉡굵다. 장수풍뎅이 수컷의 머리에는 긴 뿔이 나 있는데, 암컷은 뿔이 ㉢없고 몸집도 수컷에 비해 작은 편이다. 또 장수풍뎅이들은 날카로운 발톱을 가지고 있어 나무를 잘 탄다. 사슴벌레와 생김새가 비슷해 종종 비교되기도 한다.

과학/ 관련 주제: 생물의 종류의 특징 (초등 과학)

---

1 밑줄 친 ㉠을 알맞은 발음에 따라 소리 나는 대로 쓰세요. (   )

---

2 밑줄 친 ㉠~㉢에 나타난 겹받침을 다음 기준에 따라 분류해 기호를 쓰세요.

(첫 번째 자음으로 발음하는 것:)

(두 번째 자음으로 발음하는 것:)

---

3 다음은 이 글을 읽고 난 뒤 혜지의 반응입니다. 겹받침의 올바른 발음에 주의하며 밑줄 친 부분을 소리 나는 대로 쓰세요.

혜지: 이 장수풍뎅이는 <u>뿔이 없고</u> 몸 길이도 더 <u>짧다</u>. 아마도 암컷인가 봐.

문장 쓰기:

문법에 맞게 쓰기

※ 겹받침의 올바른 발음을 알고,
맞춤법에 맞게 바른 문장 쓰기

❶ 빈칸에 들어갈 겹받침이 있는 말의 **올바른 발음**을 찾아 ○표 하고, 완전한 문장을 쓰세요.

---

1 보름달이 참 (　　).

（ 밝다[발따] ）
（ 밝다[박따] ） ←○표

→ 보름달이 참 밝다.

---

4 반죽이 너무 (　　).

（ 묽다[물따] ）
（ 묽다[묵따] ）

→

---

2 나는 (　　) 건강하다.

（ 젊고[절꼬] ）
（ 젊고[점꼬] ）

→

---

5 옷이 (　　) 않다.

（ 얇지[얄찌] ）
（ 얇지[얍찌] ）

→

---

3 시인이 시를 (　　).

（ 읊다[을따] ）
（ 읊다[읍따] ）

→

---

6 내 자리에 (　　) 마.

（ 앉지[안찌] ）
（ 앉지[안찌] ）

→

---

❷ 밑줄 친 말은 **겹받침**이 있는 말을 소리 나는 대로 쓴 것입니다.
발음을 참고하여 **맞춤법**에 맞게 고쳐 쓰세요.

---

1 하늘색을 [**열께**] 칠해라.

→ 하늘색을 [엷게] 칠해라.

---

2 개가 빈 그릇을 [**할꼬**] 있다.

→ 개가 빈 그릇을 [   ] 있다.

---

3 [**갑또**] 싸고, 흠이 [**업따**].

→ [   ] 싸고, 흠이 [   ] .

---

❸ 주어진 말은 모두 소리 나는 대로 쓴 것으로, 밑줄 친 말에는 **겹받침**이 포함되어 있습니다.
발음을 참고하여 **맞춤법**에 맞게 고쳐 쓰세요.

---

1 [날씨가 **막**찌 안타.] → 날씨가 [   ] 않다.

---

2 [**닥**꼬기를 **삼**짜.] → [   ] .

---

3 [신발 여**덜** 켤레의 **갑**] → [   ]

올바른 발음② 이중 모음

일상에서 나타나는 문법

게시판 ✕

 제목: 언어 교환할 한국인 친구 찾아요   3월 11일

안녕! **나에** 이름은 댄이야. 나는 캐나다에 살고 있어.

아직 한국어를 배우는 중이라

글자를 틀릴 수 있으니 **주이**해 줘!

내 장래 **히망**은 과학자야.

그 중에서도 첨단 **기게**를 만드는 데 관심이 많아.

개념 만나기

이중 모음은 대부분 이중 모음 그대로 발음하지만, 다음과 같은 **예외**가 있습니다.

'ㅇ'을 제외한 자음이 첫소리인 'ㅢ' → 'ㅣ'로 발음	장래 희망[히망]
단어의 첫 글자가 아닌 '의' → '의' 또는 '이'로 발음	주의[주의/주이]
조사 '의' → '의' 또는 '에'로 발음	나의[나의/나에]
'예, 례' 외의 'ㅖ' → 'ㅖ' 또는 'ㅔ'로 발음	기계[기계/기게]

이중 모음은 대부분 이중 모음 그대로 발음하지만, 다음과 같은 **예외**가 있습니다.

'ㅇ'을 제외한 자음이 첫소리인 'ㅢ' : 'ㅣ'로 발음

무늬[무니]

'무늬'의 '늬'와 같이 'ㅇ'을 제외한 자음이 첫소리인 '늬'는 [ㅣ]로 발음합니다.

단어의 첫 글자가 아닌 '의' : '의' 또는 '이'로 발음

하의[하의/하이]

'하의'의 '의'는 단어의 두 번째 글자입니다. 이처럼 단어의 첫 글자가 아닌 '의'는 [의] 또는 [이] 두 가지로 발음할 수 있습니다.

조사 '의' : '의' 또는 '에'로 발음

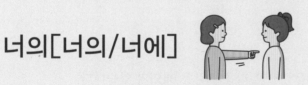

너의[너의/너에]

소유의 의미를 나타내는 조사 '의'는 [의] 또는 [에] 두 가지로 발음할 수 있습니다.

'예, 례' 외의 'ㅖ' : 'ㅖ' 또는 'ㅔ'로 발음

시계[시계/시게]

'시계'의 '계'와 같이, '예, 례' 이외의 'ㅖ'는 [ㅖ] 또는 [ㅔ] 두 가지로 발음할 수 있습니다.

1 바른 설명이 되도록 ○표 하세요.

---

1 '**너희**'의 '**희**'는 'ㅇ'을 제외한 | 자음이 첫소리 | 모음이 첫소리 | 인 'ㅢ'이므로

| [너희] | [너히] | 로 발음합니다.

---

2 '**상의**'의 '**의**'는 | 단어의 첫 글자가 아닌 | 조사 | '의'이므로

| [상의/상이] | [상의/상에] | 로 발음합니다.

---

3 '**그의**'의 '**의**'는 | 단어의 첫 글자가 아닌 | 조사 | '의'이므로

| [그의/그이] | [그의/그에] | 로 발음합니다.

---

4 '**혜택**'의 '**혜**'는 '예, 례' 외의 'ㅖ'이므로

| [혜택/해택] | [혜택/헤택] | 으로 발음합니다.

---

2 밑줄 친 말의 이중 모음을 'ㅣ'와 'ㅔ' 중 무엇으로 발음할 수 있는지 고르세요.

1 구름이 **흰**색이다. (ㅣ) (ㅔ)

2 세**계**는 넓다. (ㅣ) (ㅔ)

3 그**의** 고양이이다. (ㅣ) (ㅔ)

4 다시 토**의**하자. (ㅣ) (ㅔ)

3 밑줄 친 말을 바르게 발음한 것을 고르세요.

1 불빛이 **희미**하다. ([희미]) ([히미])

2 **차례**를 지켜야 한다. ([차례]) ([차레])

3 **너의** 이름은 뭐니? ([너에]) ([너이])

4 **시계**가 고장이 났다. ([시게]) ([시개])

4 밑줄 친 말을 바르게 발음한 것을 모두 찾아 ○표 하세요.

1 현서가 똑같은 노래를 **기계**[기계]적으로 반복했다. (   )

2 사람을 대할 때는 기본적인 **예절**[에절]을 지켜야 한다. (   )

3 다음 대회에서는 **나의**[나이] 실력을 발휘하고 싶다. (   )

4 은호는 나중에 커서 **의사**[의사]가 되고 싶다고 했다. (   )

5 이중 모음의 올바른 발음에 주의하며, 밑줄 친 말을 소리 나는 대로 쓰세요.
(답이 2개일 경우 2개 모두 쓰기)

1 A 회사는 B **회사의** 상품에 투자하기로 결정했다. (   )

2 준우는 **예정**되었던 여행이 취소되어 실망했다. (   )

3 이 상에는 나무의 원래 **무늬**가 그대로 살아 있다. (   )

4 보미는 여러 번 **주의**를 받았는데도 실수를 했다. (   )

6 다음 글을 찬찬히 읽어 보고, 앞서 배운 개념을 떠올리며 물음에 답하세요.

뉴스를 보면 '유럽 연합(EU)'이라는 단어를 자주 볼 수 있습니다. 유럽 연합(EU)은 유럽의 여러 나라들이 ㉠세계 시장에서 경쟁력을 높이기 위해 만든 국제 기구입니다. 세계 대전 이후 유럽의 영향력이 약해지면서 유럽의 경제적·사회적 통합을 요구하는 움직임이 생기게 되었고, 이후 유럽 공동체를 거쳐 ㉡현재의 유럽 연합이 만들어졌습니다.

유럽 연합에는 2021년 기준 총 27개국이 가입되어 있습니다. 회원국들은 '유로화'라는 공동 ㉢화폐를 사용하며, 5억여 명의 시민을 대표하는 '유럽 ㉣의회'를 열고 있습니다. 회원국 국민들은 EU 내 다른 국가들로 자유롭게 이동할 수 있으며, 직장도 가질 수 있습니다.

사회/ 관련 주제: 지구촌 발전을 위해 노력하는 다양한 행위 주체 (초등 사회)

---

1   밑줄 친 ㉠의 알맞은 발음 두 가지를 <u>모두</u> 쓰세요.　　　(　　　　,　　　　)

---

2   밑줄 친 ㉡~㉣에 대해 바르게 설명하지 <u>못한</u> 친구의 이름을 쓰세요. (　　　　)

재현: ㉡은 '현재에'라고 읽어도 맞는 발음이야.

한결: ㉡과 ㉣의 '의'는 모두 '의' 그대로 발음할 수 있어.

서연: ㉢을 '화페'라고 읽으면 틀린 발음이야.

---

3   밑줄 친 ㉣의 '의'와 같은 발음으로 읽을 수 <u>없는</u> 말을 찾아 ✓표 하고, 이 단어를 사용해 짧은 문장을 만드세요.

□ 의<u>자</u>
□ 동<u>의</u>
□ 토<u>의</u>
□ 희<u>망</u>

문장 쓰기 :

문법에 맞게 쓰기

※ 이중 모음의 올바른 발음을 알고,
맞춤법에 맞게 바른 문장 쓰기

❶ 빈칸에 들어갈 **이중 모음**이 있는 말의 **올바른 발음**을 찾아 ○표 하고, 완전한 문장을 쓰세요.

---

1   (   )에 앉아 있어라.

　(의자[의자]) ⃝

　(의자[이자])

→　의자에 앉아 있어라.

---

4   (   )바람이 불었다.

　(하늬[하늬])

　(하늬[하니])

→

---

2   그 (   )는 무시무시해.

　(폐가[패가])

　(폐가[폐가/페가])

→

---

5   이건 (   ) 신발이다.

　(형의[형이])

　(형의[형의/형에])

→

---

3   이것은 제 (   )입니다.

　(성의[성에])

　(성의[성의/성이])

→

---

6   (   )대로 줄을 서자.

　(차례[차례])

　(차례[차례/차레])

→

---

② 밑줄 친 말은 **이중 모음**을 소리 나는 대로 쓴 것입니다.
발음을 참고하여 **맞춤법**에 맞게 고쳐 쓰세요

1 부모님의 [은<u>헤</u>]에 감사하자.

→ 부모님의 [은혜에] 감사하자.

2 너의 [<u>히</u>생]을 잊지 않겠다.

→ 너의 [   ] 잊지 않겠다.

3 계절에 맞는 [하<u>이</u>]가 필요하다.

→ 계절에 맞는 [   ] 필요하다.

③ 주어진 말은 모두 소리 나는 대로 쓴 것으로, 밑줄 친 말에는 **이중 모음**이 포함되어 있습니다. 발음을 참고하여 **맞춤법**에 맞게 고쳐 쓰세요.

1 [<u>힌</u>색 셔츠를 사다.] → [   ] .

2 [누나<u>에</u> 차<u>례</u>이다.] → [   ] .

3 [지<u>헤</u>로운 <u>게</u>획] → [   ]

배운 내용에 맞게 <보기>에서 알맞은 말을 찾아 빈칸을 채우세요!

보기   자음 / 되어 / 아니 / 조사

❶ 올바른 표기

☐ '안'과 '않'	'( )'와 '아니하-'의 줄임 말	**안** 하얗다 / 하얗지 **않**다
☐ '되'와 '돼'	'돼'는 '( )'의 줄임 말	가수가 **되다** / 가수가 **돼서**
☐ 발음이 같은 말	말의 의미를 보고 구분	팔을 **다치다** / 문이 **닫히다**

❷ 올바른 발음① 겹받침

☐ 첫 번째 자음으로 발음하는 겹받침	ㄳ, ㄵ/ㄶ, ㄼ/ㄽ/ㄾ/ㅀ, ㅄ	값[갑]
☐ 두 번째 자음으로 발음하는 겹받침	ㄺ, ㄻ, ㄿ	맑다[막따]

❸ 올바른 발음② 이중 모음   이중 모음은 대부분 그대로 발음하지만, 다음과 같은 예외가 있다.

☐ 'ㅇ'을 제외한 ( )이 첫소리인 'ㅢ'	'ㅣ'로 발음	무늬[무니]
☐ 단어의 첫 글자가 아닌 'ㅢ'	'ㅢ' 또는 'ㅣ'로 발음	하의[하의/하이]
☐ ( ) 'ㅢ'	'ㅢ' 또는 'ㅔ'로 발음	너의[너의/너에]
☐ '예, 례' 외의 'ㅖ'	'ㅖ' 또는 'ㅔ'로 발음	시계[시계/시게]

정답   아니 - 되어 - 자음 - 조사

나만의 **문장 쓰기**

주어진 조건에 맞는 답을 찾아 ○표 하고,
○한 말을 활용해
새로운 문장을 만드세요.
(3, 4번 문제는 밑줄 친 말을 활용하세요)

1　고무줄을 길게 (느리다 / (늘이다)).　　→ 올바른 표기

　　엿 장수가 엿가락을 길게 늘였다.

2　인형을 (반드시 / 반듯이) 눕혔다.　　→ 올바른 표기

3　이 가구는 낡지([날찌] / [낙찌]) 않았다.　　→ 겹받침의 올바른 발음

4　상의([상이] / [상에]) 한 벌이 필요하다.　　→ 이중 모음의 올바른 발음

정답과 해설 30쪽

① 시간 표현

고3 9월 모의고사 변형

● **밑줄 친 말에 주목하여 <보기>의 ㉠~㉢에 대해 탐구한 결과로 적절하지 않은 것은?**

> <보기>
>
> ㉠ 거기에는 눈이 **왔겠다.** / 지금 거기에는 눈이 **오겠지.**
>
> ㉡ 그가 집에 **갔다.** / 막차를 놓쳤으니 나는 집에 다 **갔다.**
>
> ㉢ 내가 **떠날** 때 비가 올 것이다. / 내가 **떠날** 때 비가 왔다.
>
> ㉣ 그는 지금 학교에 **간다.** / 그는 내년에 **진학한다고** 한다.
>
> ㉤ 오늘 보니 그는 키가 **작다.** / 작년에 그는 키가 **작았다.**

① ㉠을 보니, '-겠-'이 미래의 사건을 추측하는 데 쓰이고 있군.

② ㉡을 보니, '-았-'이 과거 시제를 나타내지 않는 경우도 있군.

③ ㉢을 보니, '-ㄹ-'이 붙을 때 미래의 사건을 나타내지 않는 경우도 있군.

④ ㉣을 보니, 현재 시제 '-ㄴ-'이 미래의 사건을 나타낼 때도 쓰이고 있군.

⑤ ㉤을 보니, 형용사에서 현재 시제를 나타낼 때 '-았-'이 쓰이지 않고 있군.

 '시간 표현'에 대해 이해하면 쉽게 풀 수 있는 문제야. 과거 시제와 현재 시제, 미래 시제를 어떻게 표현하는지 알고, 글에서 나타내는 시점이 언제인지를 파악할 수 있다면 답을 찾을 수 있겠네!

---

 ① '거기에는 눈이 왔겠다.'는 과거의 일을 추측하는 말이고, '지금 거기에는 눈이 오겠지.'는 현재의 일을 추측하는 말이야. 따라서 '-겠-'은 각각 과거와 현재의 사건을 추측하는 데 쓰였다는 것을 알 수 있어.

② '-았-'은 본래 과거의 일을 나타낼 때 주로 쓰이지만, '막차를 놓쳤으니 나는 집에 다 갔다.'에서는 미래에 실현될 수 없게 된 일을 나타내고 있네.

③ '내가 떠날 때 비가 왔다.'에서 내가 떠난 시점은 비가 왔던 과거야. 따라서 이 문장의 '떠날'에 붙은 '-ㄹ'은 과거의 일을 나타내지.

④ '진학한다고'에서 진학하는 시점은 '내년'이야. 따라서 '-ㄴ-'은 미래의 일을 나타내고 있어.

⑤ 형용사 '작다'로 현재 시제를 나타내는 문장은 '오늘 보니 그는 키가 작다.'인데, 이 문장에는 '-았-'이 쓰이지 않았어. 반면 과거를 나타내는 '작년에 그는 키가 작았다.'에는 '-았-'이 쓰였군.

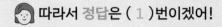 따라서 정답은 (1)번이겠어!

② 높임 표현

고3 9월 모의고사 변형

● **<보기>의 ㉠~㉢에 대한 설명으로 적절하지 <u>않은</u> 것은?**

> **<보기>**
>
> **영희:** 선생님께서 다음 국어 시간에 있을 모둠 과제 발표는 네가 주도해서 ㉠**준비하시라고** 하셔.
>
> **경준:** 어떤 시인을 주제로 발표하는 게 좋을지에 대해서도 말씀 ㉡**있으셨니?**
>
> **영희:** 아니, 그건 시간이 날 때 네가 직접 선생님께 ㉢**물어서** 알아봐.
>
> **경준:** 아무래도 그래야겠어.
>
> **영희:** 그런데 선생님께서 저번 수업 시간에 김소월의 시가 ㉣**자기의** 애송시라고 ㉤**말했잖아.** 김소월은 우리나라 사람들이 좋아하는 시인이기도 하니까 김소월의 시 세계를 주제로 하여 발표해 보는 건 어때?

① ㉠: 주체가 '경준'이므로 '준비하라고'로 바꿔 말해야 한다.

② ㉡: 주어가 '말씀'이므로 '있었니'로 바꿔 말해야 한다.

③ ㉢: 윗사람인 '선생님'께 묻는 것이므로 '여쭤서'로 바꿔 말해야 한다.

④ ㉣: '선생님'을 높이는 것이므로 '당신'으로 바꿔 말해야 한다.

⑤ ㉤: 주체가 '선생님'이므로 '말씀하셨잖아'로 바꿔 말해야 한다.

 '**높임 표현**'에 대해 이해하면 쉽게 풀 수 있는 문제야. 각 문장에서 높이고 있는 대상이 무엇인지 알고, 이에 따라 높임 표현을 바르게 사용할 수 있다면 쉽게 답을 찾을 수 있겠네!

해설

① '준비'하는 주체는 경준이고, '하셔'의 주체는 선생님이야. 따라서 '준비하시라고'는 선생님이 경준이를 높이고 있는 표현이므로, '준비하라고'로 고쳐야 해.

② 이 문장의 주어는 '말씀'이지만, '말씀하다'의 주체는 선생님이야. 선생님은 높임의 대상이므로, '선생님의 말씀'을 간접적으로 높이고 있는 '있으셨니'가 적절한 표현이지.

③ 윗사람인 선생님께 묻는다는 것이므로, '묻다'의 높임 표현인 '여쭈다'를 써야 해.

④ '자기'는 선생님을 가리키는 말이고, 선생님은 높임의 대상이야. 따라서 '자기'의 높임 표현인 '당신'으로 바꾸어 써야 해. '당신'은 여러 의미로 쓰이는 표현인데, 상대를 낮잡아 이르는 데에도 쓰이지만 '자기'의 높임말이기도 하지.

⑤ '말했잖아'의 주체는 선생님이므로, 높임 표현 '말씀하셨잖아'로 바꾸어 써야 해.

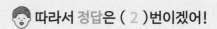 따라서 정답은 (2)번이겠어!

③ 사동 표현 · 피동 표현

고3 6월 모의고사

● **<보기>를 참고하여 작성한 ㉮~㉺의 예문으로 알맞은 것은?**

<보기>

부르다¹   ① 말이나 행동으로 다른 사람의 주의를 끌거나 오라고 하다.

           ② 무엇이라고 가리켜 말하거나 이름을 붙이다.

부르다²   먹은 것이 많아 속이 꽉 찬 느낌이 들다.

붇다¹   물에 젖어서 부피가 커지다.

붇다²   분량이나 수효가 많아지다.

㉮ '부르다¹' ①'의 피동 ── 불리다 ── ㉺ '붇다²'의 사동

㉯ '부르다¹' ②'의 피동 ── 불리다 ── ㉹ '붇다¹'의 사동

㉰ '부르다²'의 사동

① ㉮: 그는 많은 사람들에게 천재라고 **불렸다**.

② ㉯: 반장이 가장 먼저 **불려** 갔다.

③ ㉰: 주먹밥 하나로 아이들의 주린 배를 **불릴** 수는 없었다.

④ ㉹: 그는 요즘 재산을 **불리는** 재미에 빠져 있다.

⑤ ㉺: 메주를 쑤려면 콩을 물에 **불려야** 한다.

 '사동 표현'과 '피동 표현'이 무엇인지 알아야만 풀 수 있는 문제야. 행위의 주체가 '시키는/하게 만드는' 표현인지, 주체에 의해 '당하는/하게 되는' 표현인지를 잘 파악하며 내용을 살펴보면 답을 찾을 수 있겠네!

해설
① 불렸다: 주체인 '그'가 많은 사람들에 의해 '불리게 된' 것이므로, '부르다' ②'의 피동 표현이야. 따라서 ㉯에 해당해.

② 불려: 주체인 '반장'이 다른 사람에 의해 '불리게 되어' 간 것이므로, '부르다' ①'의 피동 표현이야. 따라서 ㉮에 해당해.

③ 불릴: 주먹밥 하나로 배를 '부르게 만드는' 것이므로, '부르다²'의 사동 표현이야. 따라서 ㉰에 해당해.

④ 불리는: 그가 재산을 '붇게 만드는' 것이므로, '붇다²'의 사동 표현이야. 따라서 ㉺에 해당해.

⑤ 불려야: 사람이 콩을 물에 '붇게 만드는' 것이므로, '붇다¹'의 사동 표현이야. 따라서 ㉹에 해당해.

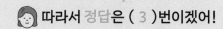 따라서 정답은 (3)번이겠어!

대학수학능력시험

● **<보기>의 ㉠에 들어갈 예로 가장 적절한 것은?**

<보기>

"확실한 사실은 그가 지금까지 성실하게 살아왔다."는 주어인 '사실은'과 호응하는 서술어가 없어서 잘못된 문장이다. 이와 같이 주어와 서술어 사이에 호응이 이루어지지 않은 또 다른 문장의 예는 다음과 같다.

㉠

① 회원들은 상품 구매를 싸게 구입할 수 있다.
② 이 글의 특징은 길이가 짧지만 인상은 강하다.
③ 아들의 성공 소식은 부모님께 여간한 기쁨이었다.
④ 새 기계는 유해 물질과 연료 효율을 높여 주었다.
⑤ 그는 자신의 행복한 마음을 형언할 방법을 찾았다.

'문장의 호응'이 무엇인지 알고, 문장 성분에 대해서도 파악하고 있어야 풀 수 있는 문제야. 문장에서 무엇이 호응하고 호응하지 않는지 파악한 다음, 틀린 부분을 고쳐 쓸 수 있다면 쉽게 답을 찾을 수 있겠네!

해설 ①~⑤는 모두 문법에 맞지 않는 문장이야. 따라서 각 문장이 틀린 이유를 살펴보고, 이 중 <보기>와 같이 주어와 서술어가 호응하지 않는 문장을 고르면 되겠지?

① '구매'와 '구입'은 뜻이 비슷한 말이므로, 의미가 중복된 문장이야. 둘 중 하나만 쓰는 것이 적절해.
② 이 문장의 주어는 '특징은'인데, 주어와 호응하는 서술어가 나타나 있지 않아. '특징은'에 호응하도록 서술어 '강하다'를 '강하다는 점이다' 등으로 고쳐 써야 해.
③ '여간/여간하다'는 부정 표현과 호응하는 말이므로, '여간한 기쁨이 아니었다' 등으로 고쳐 써야 해.
④ '연료 효율'에 호응하는 서술어는 나타나 있지만, '유해 물질'에 호응하는 서술어는 나타나 있지 않아. '유해 물질을 없애 주고 연료 효율을 높여 주었다.' 등으로 고쳐 써야 해.
⑤ '형언하다'는 부정 표현과 호응하는 말이야. '형언할 방법을 찾지 못했다' 등으로 고쳐 써야 해.

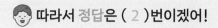 **따라서 정답은 (2)번이겠어!**

⑤ 올바른 발음

고3 6월 모의고사

● **<보기>를 고려하여 모음의 발음을 이해한 내용으로 옳은 것은?**

> **<보기>**
>
> 모음의 표준 발음
>
> ○ 국어의 단모음은 'ㅏ, ㅐ, ㅓ, ㅔ, ㅗ, ㅚ, ㅜ, ㅟ, ㅡ, ㅣ'의 10개를 원칙으로 한다. 다만 'ㅚ, ㅟ'는 이중 모음으로 발음하는 것도 허용하는데, 특히 'ㅚ'를 이중 모음으로 발음하면 [ㅞ]와 같아진다.
>
> ○ '예, 례' 이외의 'ㅖ'는 [ㅔ]로 발음할 수 있다.
>
> ○ 자음을 첫소리로 가지고 있는 음절의 'ㅢ'는 항상 [ㅣ]로 발음하되, 단어의 첫 음절 이외의 '의'는 [ㅣ]로, 조사 '의'는 [ㅔ]로 발음할 수 있다.

① '개'와 '게'를 동일하게 발음하는 것은 표준 발음에 해당한다.

② '금괴'를 [금궤]로 발음하는 것은 표준 발음에 해당하지 않는다.

③ '지혜'를 [지헤]로 발음하는 것은 표준 발음에 해당하지 않는다.

④ '비취다'와 '비치다'를 모두 [비치다]로 발음하는 것은 표준 발음에 해당한다.

⑤ '충의의 뜻'에서 '충의의'를 [충이에]로 발음하는 것은 표준 발음에 해당한다.

 '**이중 모음의 올바른 발음**'에 대해 이해하고 있으면 쉽게 풀 수 있는 문제야. 이중 모음이 어떻게 발음되는지 알고, 실제 단어에 적용해 볼 수 있다면 쉽게 답을 찾을 수 있겠네!

해설 ① 모음의 표준 발음에서 국어의 단모음이 'ㅏ, ㅐ, ㅓ, ㅔ, ㅗ, ㅚ, ㅜ, ㅟ, ㅡ, ㅣ' 각각 10개라는 건 <보기>에도 나타나 있지? 따라서 'ㅐ'와 'ㅔ'는 각각 다르게 발음된다는 것을 알 수 있어.

② 'ㅚ'를 이중 모음으로 발음하면 [ㅞ]와 같아진다는 내용을 <보기>에서 확인할 수 있어.

③ '예, 례' 이외의 'ㅖ'는 [ㅔ]로도 발음할 수 있지.

④ ①과 마찬가지로, 'ㅟ'와 'ㅣ'는 각각 다르게 발음되는 모음이야.

⑤ '충의의'에는 뜻을 가진 낱말 '충의'와, 조사 '의'가 나타나 있어. 단어의 첫 음절 외의 '의'는 [ㅣ]로, 조사 '의'는 [ㅔ]로 발음할 수 있지.

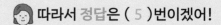

👩 **따라서 정답은 (5)번이겠어!**

초등 국어 문법이 쓰기다 ②

정답과 해설

교육 R&D에 앞서가는
Key 키출판사

초등 국어 2

문법이 쓰기다

정답과 해설

1단원 〈단어의 체계와 양상〉

고유어 한자어 외래어

정답

1   **1~2** 순우리말, 고유어

2   **1~2** 한자로 만들어진 말, 한자어

3   다른 나라 말을 빌려 온 말, 외래어

4   **1** 외래어 **2** 고유어 **3** 한자어 **4** 외래어

5   **1** 까닭 **2** 땅 **3** 어린이 **4** 값

6   **1** 고유어 **2** 외래어 **3** 한자어 **4** 외래어

7   **1** 생일, 스웨터 **2** 라디오 **3** 패스트푸드, 햄버거
     4 토지

8   **1** 장르 **2** 예) 맨 처음으로 (해설 참조)
     3 '노래'에 ✔
        예) 모든 대사가 노래로 이루어져 있다.
          (해설 참조)

해설

4   **2** '물'은 순우리말 또는 그 말을 바탕으로 하여 만들어진 말이므로 고유어입니다.

6   **2** '버스(bus)'는 다른 나라 말을 빌려 와서 우리말처럼 쓰는 말이므로 외래어입니다.

   3 '아동[兒童]'은 한자를 바탕으로 하여 만들어진 말이므로 한자어입니다.

   4 '버터(butter)'는 다른 나라 말을 빌려 와서 우리말처럼 쓰는 말이므로 외래어입니다.

7   **1** '생일[生日]'은 한자를 바탕으로 하여 만들어진 말이므로 한자어입니다. '스웨터(sweater)'는 다른 나라 말을 빌려 와서 우리말처럼 쓰는 말이므로 외래어입니다.

   2 '라디오(radio)'는 다른 나라 말을 빌려 와서 우리말처럼 쓰는 말이므로 외래어입니다.

   3 '패스트푸드(fast food)'와 '햄버거(hamburger)'는 모두 다른 나라 말을 빌려 와서 우리말처럼 쓰는 말이므로 외래어입니다.

   4 '토지[土地]'는 한자를 바탕으로 하여 만들어진 말이므로 한자어입니다.

8   **1** 다른 나라 말을 빌려 와서 우리말처럼 쓰는 말을 찾아야 합니다. 밑줄 친 말들 중 이에 해당하는 말은 '장르(genre)'입니다. '시대[時代]', '음악[音樂]', '형태[形態]'는 모두 한자를 바탕으로 하여 만들어진 말이므로 한자어입니다.

   2 한자어를 고유어로 바꾸어 쓰는 문제입니다. '최초[最初]'는 '맨 처음'을 뜻하는 말로, '최초로'는 '맨 처음으로', 또는 '처음으로' 등으로 바꾸어 쓸 수 있습니다.

   3 주어진 4개의 단어 중 '작품[作品]'과 '작곡[作曲]'은 한자어이며, '뮤지컬(musical)'은 외래어입니다. 반면 '노래'는 순우리말 또는 그 말을 바탕으로 하여 만들어진 말이므로, 고유어입니다. 따라서 '노래'를 사용해 지문과 일치하는 문장을 완성해야 합니다. 주어진 '오페라는'에 자연스럽게 연결되도록 '노래'에 관련된 내용을 지문에서 찾아 문장을 완성하면 정답으로 인정합니다.

정답

❶ 밑줄 친 **한자어**를 **고유어로 바꾼 것**을 찾아 ○표 하고, ○한 말을 넣어 완전한 문장을 쓰세요.

1
불시에 찾아오지 마.
(갑자기)
(빠르게)
→ 갑자기 찾아오지 마.

2
나는 짬뽕을 **주문할래**.
(시킬래)
(만들래)
→ 나는 짬뽕을 시킬래.

3
환희의 함성이 들렸다.
(슬픔)
(기쁨)
→ 기쁨의 함성이 들렸다.

❷ 밑줄 친 **고유어**를 **한자어로 바꾼 것**을 찾아 ○표 하고, ○한 말을 넣어 완전한 문장을 쓰세요.

1
틀린 글자를 **고치다**.
(바꾸다)
(수정하다)
→ 틀린 글자를 수정하다.

2
그때 네 **마음**은 어땠니?
(심정)
(호감)
→ 그때 네 심정은 어땠니?

3
모든 준비가 **끝났다**.
(시작됐다)
(완료됐다)
→ 모든 준비가 완료됐다.

❸ 다음 밑줄 친 **고유어**의 뜻풀이를 보고, 바꾸어 쓸 수 있는 **한자어**를 넣어 문장을 완성하세요.

1 피치 못할 **일**이 있었다. (→ 처한 형편이나 **사정**)
→ 피치 못할 [사정] 이 있었다.

2 나는 해외에 가 본 **일**이 없다. (→ 과거의 **경험**)
→ 나는 해외에 가 본 [경험] 이 없다.

3 **일**이 있어 늦었다. (→ 처리해야 할 **문제**)
→ [문제] 가 있어 늦었다.

(해설 참조)

❹ 밑줄 친 말은 모두 **한자어**를 사용한 것입니다. 같은 뜻이 되도록 **고유어**로 고쳐 쓰세요.

1 앞차를 **추월했다**. → 앞차를 [앞질렀다] .

2 자전거를 **수리했다**. → 자전거를 [고쳤다] .

3 **국가**를 대표하다. → [나라] 를 대표하다.

(해설 참조)

해설

❶

1 '불시[不時]'는 '뜻하지 않은 때'를 뜻하는 한자어로, '불시에'는 의미상 '갑자기'로 바꾸어 쓸 수 있습니다.

2 '주문[注文]'은 '어떤 상품을 만들거나 파는 사람에게 그 상품이나 서비스의 제공을 요구하다'라는 뜻의 한자어로, 의미상 '시키다'로 바꾸어 쓸 수 있습니다.

3 '환희[歡喜]'는 '큰 기쁨'이라는 뜻의 한자어로, 의미상 '기쁨'으로 바꾸어 쓸 수 있습니다.

❷

1 '고치다'는 '바로잡아 고치다'라는 뜻을 가진 한자어 '수정[修正]하다'로 바꾸어 쓸 수 있습니다.

2 '마음'은 '품고 있는 생각이나 감정'이라는 뜻을 가진 한자어 '심정[心情]'으로 바꾸어 쓸 수 있습니다.

3 '끝났다'는 '완전히 끝마침'이라는 뜻을 가진 한자어 '완료[完了]'를 활용해 '완료됐다'로 바꾸어 쓸 수 있습니다.

❹

1 '추월[追越]'은 '뒤에서 따라잡아서 앞의 것보다 먼저 나아감'을 뜻하는 한자어입니다. 따라서 '앞질렀다'와 같이 이 말과 비슷한 뜻을 가진 고유어를 떠올려 썼을 경우 정답으로 인정합니다.

2 '수리[修理]'는 '고장 나거나 허름한 데를 손보아 고침'을 뜻하는 한자어입니다. 따라서 '고치다'와 같이 이 말과 비슷한 뜻을 가진 고유어를 떠올려 썼을 경우 정답으로 인정합니다.

3 '국가[國家]'는 '특정한 영토와 거기에 사는 사람들로 구성되고, 주권에 의한 하나의 통치 조직을 가지고 있는 사회 집단'을 뜻하는 한자어입니다. 따라서 '나라'와 같이 이 말과 비슷한 뜻을 가진 고유어를 떠올려 썼을 경우 정답으로 인정합니다.

1단원 〈단어의 체계와 양상〉

사회 방언 지역 방언

1　**1~2** 세대나 사회 집단, 사회 방언

2　**1** 전문어　**2** 은어

3　지역, 지역 방언

4　**1** 지역 방언　**2** 사회 방언　**3** 사회 방언　**4** 지역 방언

5　**1** 은어　**2** 전문어　**3** 전문어

6　**1** ○　**2** ○　**3** △　**4** ○

7　**1** ㉠　**2** ㉡　**3** ㉢

8　**1** 혜윤

　2 예) 짧은 단어로 상황을 명확하고 자세하게 전달할 수 있다, 빠르고 효율적으로 정보를 주고받을 수 있다 등

　3 예) 비전문가에게는 용어가 어렵고 생소하다. (해설 참조)

해설

4　**1**　'갖고 온나'는 '갖고 와라'라는 뜻으로, 경상 지역에서 사용되는 지역 방언입니다.

　4　'갈게유'는 '갈게요'라는 뜻으로, 충청 지역에서 사용되는 지역 방언입니다.

5　**1**　'진대마니'는 심마니들 사이에서 비밀을 유지하기 위해 사용되는 말이므로, 은어입니다.

　2　'드리핑'은 미술 분야에서 전문적인 개념을 나타내기 위해 쓰이는 말이므로, 전문어입니다.

　3　'크레셴도'는 음악 분야에서 전문적인 개념을 나타내기 위해 쓰이는 말이므로, 전문어입니다.

6　**2**　'데크레셴도'는 악보에서 '점점 여리게 연주하라'를 뜻하는 말로, 음악 분야에서 사용되는 전문어입니다.

　3　'선상님'은 '선생님'을 뜻하는 말로, 전북 지역에서 사용되는 지역 방언입니다.

　4　'변론'은 법정에서 '주장, 혹은 진술'을 뜻하는 말로, 사법 분야에서 사용되는 전문어입니다.

7　**1**　'알아보겠다잉'은 '알아보겠다'를 뜻하는 말로, 전라 지역에서 사용되는 지역 방언입니다. 지역 방언을 사용하면 그 지역의 고유한 정서와 문화를 느낄

수 있습니다.

　2　'CPR'은 '심장의 박동과 호흡이 멎은 상태를 정상으로 회복시키는 처치 방법'을 뜻하는 말로, 의료 분야에서 사용되는 전문어입니다. 전문어는 그 분야의 사람들이 효율적으로 일할 수 있도록 돕습니다.

　3　'넙대'는 '곰'을 뜻하는 말로, 심마니들 사이에서 사용되는 은어입니다. 은어는 구성원들 사이의 비밀을 유지하는 역할을 합니다.

8　**1**　전문어는 사회 집단에 따라 다르게 쓰는 말이므로, 사회 방언에 속합니다. 지역의 고유한 문화와 정서를 느낄 수 있는 말은 지역 방언이며, 집단 내의 비밀을 유지하는 데 효과적인 말은 은어입니다.

　2　지문에 나타난 전문어의 특성으로는 빠르고 효율적으로 정보를 주고받을 수 있다는 점, 짧은 단어로 상황을 명확하고 자세하게 전달할 수 있다는 점 등이 있습니다. 이처럼 지문에서 설명된 전문어의 특성을 찾아 썼을 경우 정답으로 인정합니다.

　3　전문어는 용어가 어렵고 생소하기 때문에, 비전문가에게 사용할 때에는 쉽게 풀어 설명해야 한다는 점이 지문에 나타나 있습니다.

(정답)

❶ 밑줄 친 말의 **지역 방언**을 찾아 ○표 하고,
○한 말을 넣어 완전한 문장을 쓰세요.

❷ 밑줄 친 말의 **사회 방언**을 찾아 ○표 하고,
○한 말을 넣어 완전한 문장을 쓰세요.

1 **어머니** 모시고 와라.
(엄니)
(아배)
→ 엄니 모시고 와라.

2 **부추** 한 단만 사자.
(지슬)
(정구지)
→ 정구지 한 단만 사자.

3 저 사람은 **누구니**?
(누고)
(누구야)
→ 저 사람은 누고?

1 **문화 상품권** 한 장 주세요.
(문상)
(상품권)
→ 문상 한 장 주세요.

2 **병원 내 긴급 상황**이 발생했다.
(드리핑이)
(코드 블루가)
→ 코드 블루가 발생했다.

3 '**느리게 연주하라**' 표시가 있네.
(넙대)
(안단테)
→ '안단테' 표시가 있네.

❸ 다음은 **지역 방언** 혹은 **사회 방언**의 뜻풀이입니다.
이를 참고하여 **표준어**로 바꾸어 쓰세요.

1 옥수꾸: 옥수수를 뜻하는 경기·경상·충청 지역 방언

옥수꾸 하나 주세요. → | 옥수수 | 하나 주세요.

2 포깍질: 딸꾹질을 뜻하는 전라·충남 지역 방언

포깍질이 멈추지 않아. → | 딸꾹질 | 이 멈추지 않아.

3 깜놀: '깜짝 놀라다'를 뜻하는 온라인 채팅 용어

너 때문에 **깜놀했잖아**. → 너 때문에 | 깜짝 놀랐잖아 | .

(해설 참조)

❹ 주어진 말은 모두 **방언**을 사용한 문장입니다.
알맞은 **표준어**로 바꾸어 쓰세요.

1 안녕히 가시래요. → 안녕히 | 가세요 | .

2 니는 은제 올 끼고? → 너는 | 언제 올 거니 | ?

3 내가 팀을 캐리했어. → 내가 팀을 | 이끌었어 | .

(해설 참조)

(해설)

❶ 1 '엄니'는 '어머니'를 뜻하는 말로, 경기·경남·전라·충청 지역에서 사용되는 지역 방언입니다.

2 '정구지'는 '부추'를 뜻하는 말로, 경상·전북·충청 지역에서 사용되는 지역 방언입니다.

3 '누고'는 '누구니'를 뜻하는 말로, 경상 지역에서 사용되는 지역 방언입니다.

❷ 1 이 문장에서 '문상'은 문맥상 '문화 상품권'을 뜻하는 말로, 주로 젊은 세대가 온라인상에서 많이 사용하는 사회 방언입니다.

2 '코드 블루'는 '병원 내 긴급 상황'을 뜻하는 말로, 의료 분야에서 사용되는 전문어입니다. 전문어는 사회 방언에 속합니다.

3 '안단테'는 악보에서 '느리게 연주하라'를 뜻하는 말로, 음악 분야에서 사용되는 전문어입니다. 전문어는 사회 방언에 속합니다.

❹ 1 '안녕히 가시래요'는 '안녕히 가세요'를 뜻하는 말로, 강원 지역에서 사용되는 지역 방언입니다.

2 '니는 은제 올 끼고?'는 '너는 언제 올 거니?'를 뜻하는 말로, 경상 지역에서 사용되는 지역 방언입니다.

3 '캐리하다'는 '승리로 이끌다'를 뜻하는 온라인 게임 용어입니다.

2단원 〈문장의 문법 요소①〉

시간 표현

1   **1~2** 과거에 일어났던 일

2   **1~2** 현재에 일어나는 일

3   **1~2** 미래에 일어날 일

4   **1** 보았다   **2** 씻을   **3** 내년에   **4** 지금은

5   **1** 보았다   **2** 할 것이다   **3** 먹었다   **4** 고프다

6   **2, 3**에 ○

7   **1** 착륙할   **2** 올릴 것이다(혹은 올리겠다)

    3 글썽였다   **4** 건설했다

8   **1** 떠났다   **2** 민주

    3 잘못 사용된 부분: 도착한

    배는 30분 뒤 우도에 도착할 예정이다.

해설

4   **2**   '이제부터'라고 했으므로, 앞으로 일어날 일에 대한 문장입니다. 따라서 미래 시제 '씻을'을 쓰는 것이 적절합니다.

    3   미래 시제 '가겠다'가 나타나 있으므로, 미래를 나타내는 표현인 '내년에'를 쓰는 것이 적절합니다.

5   **3**   '벌써'라고 했으므로, 이미 일어났던 일에 대한 문장입니다. 따라서 과거 시제 '먹었다'를 쓰는 것이 적절합니다.

    4   '지금'이라고 했으므로, 현재 일어나고 있는 일에 대한 문장입니다. 따라서 현재 시제 '고프다'를 쓰는 것이 적절합니다.

6   **1**   수영장에 가는 것은 '다가올 방학'에 일어날 일이므로, 과거 시제 '갔을'을 미래 시제 '갈'로 고쳐 쓰는 것이 적절합니다.

    4   선거에 입후보하는 것은 '내일' 일어날 일이므로, 과거 시제 '입후보했다'를 미래 시제 '입후보할 것이다' 등으로 고쳐 쓰는 것이 적절합니다.

7   **1**   활주로에 착륙하는 것은 '5분 후'에 일어날 일이므로, 현재 시제 '착륙한'을 미래 시제 '착륙할'로 고쳐 쓰는 것이 적절합니다.

    2   점수를 올리는 일은 '다음 시험 때' 일어날 일이므로, 현재 시제 '올리다'를 미래 시제 '올릴 것이다', '올리겠다' 등으로 고쳐 쓰는 것이 적절합니다.

    3   눈물을 글썽인 것은 '어제' 일어났던 일이므로, 현재 시제 '글썽인다'를 과거 시제 '글썽였다'로 고쳐 쓰는 것이 적절합니다.

    4   몽골 제국을 건설한 것은 '13세기에' 일어났던 일이므로, 미래 시제 '건설하겠다'를 과거 시제 '건설했다'로 고쳐 쓰는 것이 적절합니다.

8   **1**   제주도 여행을 떠난 것은 '어제' 일어났던 일이므로, 현재 시제 '떠난다'를 과거 시제 '떠났다'로 고쳐 쓰는 것이 적절합니다.

    2   '돌아왔다'는 이미 일어났던 일을 나타낸 과거 시제이며, 지문에는 과거 시제와 현재 시제, 미래 시제가 모두 나타나 있습니다. 글쓴이가 서빈백사에 가는 것은 우도에 도착하고 난 이후에 일어날 일이므로, 미래 시제 '갈 것이다'는 맞는 표현입니다.

    3   우도에 도착하는 것은 '30분 뒤'에 일어날 일이므로, 현재 시제 '도착한'을 미래 시제 '도착할'로 고쳐 쓰는 것이 적절합니다.

정답

❶ 빈칸에 가장 알맞은 **시간 표현**을 찾아 ○표 하고, ○한 말을 넣어 완전한 문장을 쓰세요.

❷ **시간 표현**이 바르게 되도록 틀린 부분을 고쳐 쓰세요.

1 지난주 선우는 공원에서 친구를 만나다.

  → 지난주 선우는 공원에서   친구를 만났다. .

2 어젯밤에 많은 비가 내릴 것이다.

  → 어젯밤에 많은 비가   내렸다   .

3 나는 다음 여름에 부산에 간 계획을 세웠다.

  → 나는 다음 여름에 부산에   갈 계획을   세웠다.

(해설 참조)

❸ 말이 자연스럽게 이어지도록 알맞은 **시간 표현**을 사용해 문장을 완성하세요.

1 나는 내년에 꼭   여행을 갈 것이다   .

2 지금은 날씨가   화창하다   .

3 시험이 이미   끝났다   .

(해설 참조)

해설

❶ **1** 할머니 댁에 간 것은 '어제' 일어났던 일이므로, 과거 시제 '갔다'를 쓰는 것이 적절합니다.

2 현재 시제 '아프다'가 나타나 있으므로, 현재를 나타내는 표현인 '요즘'을 쓰는 것이 적절합니다.

3 시험을 보는 것은 '다음 주에' 일어날 이므로, 미래 시제 '볼 것이다'를 쓰는 것이 적절합니다.

4 과거 시제 '먹었다'가 나타나 있으므로, 과거를 나타내는 표현인 '이미'를 쓰는 것이 적절합니다.

5 무엇을 '하는 중이다'라고 했으므로, 현재 일어나고 있는 일을 나타낸 문장입니다. 따라서 현재 시제 '짓는'을 쓰는 것이 적절합니다.

6 독서를 하는 것은 '내년에' 일어날 일이므로, 미래 시제 '하겠다'를 쓰는 것이 적절합니다.

❷ **1** 선우가 공원에서 친구를 만난 것은 '지난주'에 일어났던 일이므로, 현재 시제 '만나다'를 과거 시제 '만났다'로 고쳐 쓰는 것이 적절합니다.

2 비가 내린 것은 '어젯밤에' 일어났던 일이므로, 미래 시제 '내릴 것이다'를 과거 시제 '내렸다' 등으로 고쳐 쓰는 것이 적절합니다.

3 부산에 가는 것은 '다음 여름에' 일어날 일이므로, 현재 시제 '간'을 미래 시제 '갈'로 고쳐 쓰는 것이 적절합니다.

❸ **1** '내년에'라는 표현이 사용되었으므로, 빈칸에는 미래에 일어날 일을 나타내는 표현을 써야 합니다. 미래 시제를 사용해 '나는 내년에 꼭'에 자연스럽게 연결되는 말을 떠올려 썼을 경우 정답으로 인정합니다.

2 '지금은'이라는 표현이 사용되었으므로, 빈칸에는 현재에 일어나고 있는 일을 나타내는 표현을 써야 합니다. 현재 시제를 사용해 '지금은 날씨가'에 자연스럽게 연결되는 말을 떠올려 썼을 경우 정답으로 인정합니다.

3 '이미'라는 표현이 사용되었으므로, 빈칸에는 과거에 일어났던 일을 나타내는 표현을 써야 합니다. 과거 시제를 사용해 '시험이 이미'에 자연스럽게 연결되는 말을 떠올려 썼을 경우 정답으로 인정합니다.

2단원 〈문장의 문법 요소①〉

높임 표현

1 **1~2** 듣는 사람

2 **1~2** 주어

3 목적어나 부사어가 가리키는 대상

4 **1** 삼촌 **2** 손님 **3** 감독님 **4** 어머니

5 **1** 여쭈다 **2** 주셨다 **3** 계시다 **4** 드셨어요

6 **2, 3**에 ○

7 **1** '아저씨'에 ○, 드렸다 **2** '고모'에 ○, 시키셨다

　3 '아주머니'에 ○, 도와주실

8 **1** 선생님 **2** 선생님, 주어

　3 잘못 사용된 부분: 선생님이, 가서
　　→ 선생님께서 올해 전근을 가셔서

해설

4　1 시골에 '가신' 사람은 '삼촌'입니다. 문장의 주어를 높이고 있는 표현입니다.

　2 집에 '모신' 사람은 '손님'입니다. 목적어가 가리키는 대상을 높이고 있는 표현입니다.

　3 '뵌' 사람은 '감독님'입니다. 목적어가 가리키는 대상을 높이고 있는 표현입니다.

　4 '아세요'라고 질문을 듣고 있는 사람은 '어머니'입니다. 듣는 사람을 높이고 있는 표현입니다.

5　1 부사어 '선생님께'가 사용되었으므로, 문장의 주체가 일정을 '물은/여쭌' 사람은 '선생님'입니다. 따라서 '묻다'의 높임 표현 '여쭈다'를 쓰는 것이 적절합니다.

　2 용돈을 '주는/주시는' 사람은 '엄마'입니다. 따라서 '주었다'의 높임 표현 '주셨다'를 쓰는 것이 적절합니다.

　3 집에 '있는/계시는' 사람은 '할아버지'입니다. 따라서 '있다'의 높임 표현 '계시다'를 쓰는 것이 적절합니다.

　4 점심을 먹었는지에 대한 질문을 듣고 있는 사람은 '고모부'입니다. 따라서 '먹었어요'의 높임 표현 '드셨어요'를 쓰는 것이 적절합니다.

6　1 이 문장에서 높이고 있는 대상은 '이모부'로, '이모부를'은 이 문장의 목적어입니다.

4 이 문장에서 높이고 있는 대상은 '할머니'로, '할머니께서'는 이 문장의 주어입니다.

7　1 부사어 '아저씨께'가 사용되었으므로, 문장의 주체가 이사 기념 떡을 '전해 준' 사람은 '아저씨'입니다. 따라서 이 문장에서 높여야 할 대상은 '아저씨'로, '주었다'를 높임 표현 '드렸다'로 고쳐 쓰는 것이 적절합니다.

　2 심부름을 '시킨' 사람은 '고모'입니다. 따라서 이 문장에서 높여야 할 대상은 '고모'로, '시켰다'를 높임 표현 '시키셨다'로 고쳐 쓰는 것이 적절합니다.

　3 도움을 청하는 말을 듣고 있는 사람은 '아주머니'입니다. 따라서 이 문장에서 높여야 할 대상은 '아주머니'로, '도와줄'을 높임 표현 '도와주실'로 고쳐 쓰는 것이 적절합니다.

8　1 질문을 듣고 있는 사람인 '선생님'을 높이고 있는 표현입니다.

　2 ⓒ의 주어는 '선생님께서'이며, ⓒ에서 높이고 있는 대상은 '선생님'입니다.

　3 ⓒ의 주어는 '선생님이'입니다. '선생님'은 높여야 할 대상이므로, 조사 '이'를 '께서'로 고쳐 쓰는 것이 적절합니다. 또 전근을 '간' 사람 또한 '선생님'이므로, '간'을 높임 표현 '가신'으로 고쳐 쓰는 것이 적절합니다.

정답

❶ 빈칸에 알맞은 **높임 표현**을 찾아 ○표 하고, ○한 말을 넣어 완전한 문장을 쓰세요.

1 손님, (　　)?
(주문하겠어요)
(주문하시겠어요)
→ 손님, 주문하시겠어요?

4 선생님, 오고 (　　)?
(있나요)
(계시나요)
→ 선생님, 오고 계시나요?

2 고모께선 (　　).
(의사이다)
(의사이시다)
→ 고모께선 의사이시다.

5 이모부께서 (　　).
(전화했다)
(전화하셨다)
→ 이모부께서 전화하셨다.

3 할아버지께 길을 (　　).
(묻다)
(여쭈다)
→ 할아버지께 길을 여쭈다.

6 할머니를 (　　) 가자.
(보러)
(뵈러)
→ 할머니를 뵈러 가자.

❷ **높임 표현**이 바르게 되도록 틀린 부분을 고쳐 쓰세요.

1 선생님이 다음 시간 숙제를 공지했다.
→ 선생님 `께서` 다음 시간 숙제를 `공지하셨다.`

2 할아버지, 어디가 아파요?
→ 할아버지, 어디가 `편찮으세요` ?

3 우리 고모에게 편지를 써 주자.
→ 우리 고모 `께` 편지를 써 `드리자` .

(해설 참조)

❸ 말이 자연스럽게 이어지도록 알맞은 **높임 표현**을 사용해 문장을 완성하세요.

1 아주머니, 어디로 `가세요` ?

2 고객님, 무엇을 `찾으시나요` ?

3 할머니께서 `방문하셨다` .

(해설 참조)

해설

❶ 1 질문을 듣고 있는 사람은 '손님'입니다. 따라서 높임 표현 '주문하시겠어요'를 쓰는 것이 적절합니다.

2 의사인 사람은 '고모'입니다. 따라서 높임 표현 '의사이시다'를 쓰는 것이 적절합니다.

3 '할아버지'께 길을 '묻는/여쭈는' 것이므로, 높임 표현 '여쭈다'를 쓰는 것이 적절합니다.

4 질문을 듣고 있는 사람은 '선생님'입니다. 따라서 높임 표현 '계시나요'를 쓰는 것이 적절합니다.

5 '전화한' 사람은 '이모부'입니다. 따라서 높임 표현 '전화하셨다'를 쓰는 것이 적절합니다.

6 목적어 '할머니를'에 높여야 할 대상인 '할머니'가 나타나 있으므로, 높임 표현 '뵈러'를 쓰는 것이 적절합니다.

❷ 1 이 문장의 주어는 '선생님이'입니다. 따라서 조사 '이'를 높임 표현 '께서'로 고쳐 쓰는 것이 적절합니다. 또 '공지한' 사람 또한 '선생님'이므로, '공지했다'를 높임 표현 '공지하셨다'로 고쳐 쓰는 것이 적절합니다.

2 말하는 사람에게 질문을 듣고 있는 사람은 '할아버지'입니다. 따라서 '아파요'를 높임 표현 '편찮으세요' 등으로 고쳐 쓰는 것이 적절합니다.

3 '고모'는 높여야 할 대상입니다. 따라서, 조사 '에'를 높임 표현 '께'로 고친 다음, '주자'를 높임 표현 '드리자'로 고쳐 쓰는 것이 적절합니다.

❸ 1 질문을 듣고 있는 사람은 '아주머니'입니다. 따라서 '가세요' 등 '아주머니, 어디로'에 자연스럽게 연결되는 높임 표현을 떠올려 썼을 경우 정답으로 인정합니다.

2 질문을 듣고 있는 사람은 '고객'입니다. 따라서 '찾으시나요' 등 '고객님, 무엇을'에 자연스럽게 연결되는 높임 표현을 떠올려 썼을 경우 정답으로 인정합니다.

3 이 문장의 주어는 '할머니께서'로, '할머니'는 높여야 하는 대상입니다. '방문하셨다' 등 '할머니께서'에 자연스럽게 연결되는 높임 표현을 떠올려 썼을 경우 정답으로 인정합니다.

2단원 〈문장의 문법 요소 ①〉

부정 표현

1 **1~4** 단순히 그렇지 않음/하기 싫음

2 **1~4** 할 수 없음

3 **1** 단순히 그렇지 않음 **2** 할 수 없음

　 3 할 수 없음 **4** 단순히 그렇지 않음

4 **1** 먹지 못한다 **2** 하지 않았다 **3** 보지 못한다

　 4 오지 않았다

5 **1** 못 **2** 안 **3** 못 **4** 안

6 **1** 못 친다/치지 못한다 **2** 안 시켰다/시키지 않았다

　 3 안 고프다/고프지 않다 **4** 못 뛰었다/뛰지 못했다

7 **1** 않는 **2** '단순히 그렇지 않음'에 ○,

　　　　　　　 바꾸어 쓸 수 있는 말: 안 가진다면

　 3 예) 투표에 참여하지 못한다 (해설 참조)

해설

4 '안' 부정 표현은 '-지 않다'로 길게 나타낼 수 있으며, '못' 부정 표현은 '-지 못하다'로 길게 나타낼 수 있습니다. 부정 표현을 바꾸어 쓸 때에는 시간 표현이 일치하도록 주의해야 합니다.

5 **1** 유지가 기차를 '안/못' 탄 것은 늦잠을 자서 기차를 놓쳤기 때문입니다. 이는 어쩔 수 없는 상황 때문에 '탈 수 없음'을 나타낸 것이므로, '못'을 쓰는 것이 적절합니다.

　 2 예원이가 샌드위치를 '안/못' 먹은 것은 배가 고프지 않았기 때문입니다. 이는 예원이가 스스로의 의지에 따라 내린 선택이므로, '먹기 싫음'을 나타낸 표현이라고 할 수 있습니다. 따라서 '안'을 쓰는 것이 적절합니다.

　 3 동생이 목발 없이 '안/못' 걷는 것은 다리가 부러졌기 때문입니다. 이는 어쩔 수 없는 상황 때문에 '걸을 수 없음'을 나타낸 것이므로, '못'을 쓰는 것이 적절합니다.

　 4 은상이가 설거지를 하기로 한 이유는 요리를 '안/못' 하고 싶었기 때문입니다. '하고 싶다'는 스스로의 의지와 연관된 표현이므로, '하기 싫음'을 나타낸 표현이라고 할 수 있습니다. 따라서 '안'을 쓰는 것이 적절합니다.

6 **1** 내가 어려운 곡을 '안/못' 친 이유는 실력이 부족하기 때문입니다. 이는 어쩔 수 없는 상황 때문에 '칠

수 없음'을 나타낸 표현이므로, '못'을 쓰는 것이 적절합니다.

　 2 예준이가 칼국수를 '안/못' 시킨 이유는 떡국이 먹고 싶었기 때문입니다. 이는 스스로의 의지와 연관되어 칼국수를 '시키기 싫음'을 나타낸 표현이므로, '안'을 쓰는 것이 적절합니다.

　 3 배가 고픈 것은 할 수 있고 없음의 문제가 아니라 단순한 사실 자체를 나타내는 표현입니다. 따라서 '단순히 그렇지 않음'을 나타내는 '안'을 쓰는 것이 적절합니다.

　 4 정원이가 빨리 '안/못' 뛴 이유는 발목을 다쳤기 때문입니다. 이는 어쩔 수 없는 상황 때문에 '빨리 뛸 수 없음'을 나타낸 표현이므로, '못'을 쓰는 것이 적절합니다.

7 **1** 투표를 '안/못' 하는 이유가 '귀찮아서'라고 했으므로, '하기 싫음'을 나타내는 표현 '않는'으로 고쳐 쓰는 것이 적절합니다.

　 2 '-지 않다'는 '단순히 그렇지 않음' 혹은 '하기 싫음'을 나타내는 부정 표현입니다. '-지 않다'는 부정 표현 '안'을 사용해 바꾸어 쓸 수 있습니다.

　 3 투표를 '안/못'하는 이유가 '어려서 투표권이 없기' 때문이므로, '할 수 없음'을 나타내는 부정 표현 '못'이나 '-지 못하다'를 쓰는 것이 적절합니다.

정답

① 빈칸에 알맞은 **부정 표현**을 찾아 ○표 하고, ○한 말을 넣어 완전한 문장을 쓰세요.

1　나는 손이 (　) 크다.
　　　　　　　(안)
　　　　　　　(못)
→　나는 손이 안 크다.

4　집이 넓지 (　).
　　　　　　(않았다)
　　　　　　(못했다)
→　집이 넓지 않았다.

2　방바닥이 (　) 차갑다.
　　　　　　　(안)
　　　　　　　(못)
→　방바닥이 안 차갑다.

5　돈이 없어 사지 (　).
　　　　　　(않았다)
　　　　　　(못했다)
→　돈이 없어 사지 못했다.

3　형은 다쳐서 (　) 뛴다.
　　　　　　(안)
　　　　　　(못)
→　형은 다쳐서 못 뛴다.

6　우느라 말을 하지 (　).
　　　　　　(않았다)
　　　　　　(못했다)
→　우느라 말을 하지 못했다.

② **부정 표현**이 바르게 되도록 밑줄 친 부분을 고쳐 쓰세요.

1　준호는 노란색을 **좋아하지 못한다.**
→　준호는 노란색을 ┊ 좋아하지 않는다/안 좋아한다. ┊

2　강아지 코코는 꼬리가 **못 길다.**
→　강아지 코코는 꼬리가 ┊ 안 길다/길지 않다 ┊.

3　전화가 고장 나서 연락을 **하지 않는다.**
→　전화가 고장 나서 연락을 ┊ 하지 못한다/못한다 ┊.

(해설 참조)

③ 말이 자연스럽게 이어지도록 알맞은 **부정 표현**을 사용해 문장을 완성하세요.

1　흥부는 돈이 부족해서 ┊ 밭을 못 산다 ┊.

2　선호는 누나보다 키가 ┊ 크지 않다 ┊.

3　여우는 포도를 싫어해서 ┊ 먹지 않는다 ┊.

(해설 참조)

해설

①

1　손의 크기는 할 수 있고 없음의 문제가 아니라 단순한 사실 자체를 나타내는 표현입니다. 따라서 '단순히 그렇지 않음'을 나타낸 '안'을 쓰는 것이 적절합니다.

2　방바닥의 찬 정도는 할 수 있고 없음의 문제가 아니라 단순한 사실 자체를 나타내는 표현입니다. 따라서 '단순히 그렇지 않음'을 나타낸 '안'을 쓰는 것이 적절합니다.

3　형이 '안/못' 뛴 이유는 다쳤기 때문입니다. 이는 어쩔 수 없는 상황 때문에 '뛸 수 없음'을 나타낸 표현이므로, '못'을 쓰는 것이 적절합니다.

4　집이 넓은 정도는 할 수 있고 없음의 문제가 아니라 단순한 사실 자체를 나타내는 표현입니다. 따라서 '단순히 그렇지 않음'을 나타낸 '않았다'를 쓰는 것이 적절합니다.

5　'안/못' 산 이유는 돈이 없었기 때문입니다. 이는 어쩔 수 없는 상황 때문에 '할 수 없음'을 나타낸 표현이므로, '못했다'를 쓰는 것이 적절합니다.

6　말을 '안/못' 한 이유는 울고 있었기 때문입니다. 이는 어쩔 수 없는 상황 때문에 '할 수 없음'을 나타낸 표현이므로, '못했다'를 쓰는 것이 적절합니다.

②

1　무엇을 '좋아하는' 것은 할 수 있고 없음의 문제가 아니라 단순한 사실 자체를 나타내는 표현입니다. 따라서 '단순히 그렇지 않음'을 나타낸 '않는다'를 쓰는 것이 적절합니다.

2　꼬리의 길이는 할 수 있고 없음의 문제가 아니라 단순한 사실 자체를 나타내는 표현입니다. 따라서 '단순히 그렇지 않음'을 나타낸 '안 길다'를 쓰는 것이 적절합니다.

3　연락을 '안/못' 하는 이유는 전화가 고장 났기 때문입니다. 이는 어쩔 수 없는 상황 때문에 '할 수 없음'을 나타낸 표현이므로, '못한다'를 쓰는 것이 적절합니다.

③

1　'돈이 부족해서'는 개인이 어쩔 수 없는 상황입니다. 따라서 '할 수 없음'을 나타낸 '못' 또는 '-지 못하다'를 사용해 앞부분과 자연스럽게 연결되는 말을 떠올려 썼을 경우 정답으로 인정합니다.

2　키가 크고 작은 정도는 할 수 있고 없음의 문제가 아니라 단순한 사실 자체를 나타내는 표현입니다. 따라서 '단순히 그렇지 않음'을 나타낸 '안' 혹은 '-지 않다'를 사용해 앞부분과 자연스럽게 연결되는 말을 떠올려 썼을 경우 정답으로 인정합니다.

3　무엇을 싫어해서 '안/못' 한다는 것은 '하기 싫음'을 의미하는 표현입니다. 따라서 '안' 혹은 '-지 않다'를 사용해 앞부분과 자연스럽게 연결되는 말을 떠올려 썼을 경우 정답으로 인정합니다.

3단원 〈문장의 문법 요소②〉

사동 표현 피동 표현

정답

1 **1~4** 주어가 '하게 만드는', 사동 표현

2 **1~4** 주어가 '당하는', 피동 표현

3 **1** 당하다/하게 되다 **2** 당하다/하게 되다
   3 시키다/하게 만들다 **3** 시키다/하게 만들다

4 **1** 쫓기다 **2** 울리다 **3** 묻히다 **4** 살리다

5 **1** 사동 **2** 피동 **3** 사동 **4** 피동

6 **1** 채웠다 **2** 낮췄다 **3** 닫혔다 **4** 쫓기고

7 **1** 붙잡혔다 **2** 연진
   3 30대 남성을 붙잡았다

해설

3 **1** '하수구'가 다른 사람이나 상황에 의해 어떤 일을 당하게 된 것이므로, '당하다/하게 되다'의 의미가 있습니다.

   2 '자외선'이 다른 사람이나 상황에 의해 어떤 일을 당하게 된 것이므로, '당하다/하게 되다'의 의미가 있습니다.

   3 '불'이 '얼음'을 어떤 상황에 놓이도록 만든 것이므로, '시키다/하게 만들다'의 의미가 있습니다.

   4 '국가'가 '세율'을 어떤 상황에 놓이도록 만든 것이므로, '시키다/하게 만들다'의 의미가 있습니다.

4 **1** 이 문장의 주어는 '닭이'입니다. '닭'은 '개'에 의해 '쫓기게 된' 상황에 있으므로, 피동 표현 '쫓기다'를 쓰는 것이 적절합니다.

   2 이 문장의 주어는 '형이'입니다. '형'은 '동생'을 '울게 만드는' 상황에 있으므로, 사동 표현 '울리다'를 쓰는 것이 적절합니다.

   3 이 문장의 주어는 '쓰레기가'입니다. '쓰레기'는 다른 사람이나 상황에 의해 '묻히게 된' 상황에 있으므로, 피동 표현 '묻히다'를 쓰는 것이 적절합니다.

   4 이 문장의 주어는 '의사가'입니다. '의사'는 '환자'를 '살게 만드는' 상황에 있으므로, 사동 표현 '살리다'를 쓰는 것이 적절합니다.

5 **1** '입혔다'는 '나'가 '강아지'에게 옷을 '입게 만들었다'는 뜻으로 쓰인 사동 표현입니다.

   2 '전달되었다'는 '상품'이 어떤 사람이나 상황에 의해 '전달이 되었다'는 뜻으로 쓰인 피동 표현입니다.

   3 '고조시켰다'는 '연주'가 '분위기'를 '고조되게 만들었다'는 뜻으로 쓰인 사동 표현입니다.

   4 '열렸다'는 '자동문'이 어떤 시스템에 의해 '열리게 되었다'는 뜻으로 쓰인 피동 표현입니다.

6 **1** 이 문장의 주어는 '콩쥐가'입니다. '콩쥐'는 독에 물이 '차게 만든' 상황에 있으므로, 사동 표현 '채웠다'를 쓰는 것이 적절합니다.

   2 이 문장의 주어는 '재호가'입니다. '재호'는 목소리를 '낮게 만든' 상황에 있으므로, 사동 표현 '낮췄다'를 쓰는 것이 적절합니다.

   3 이 문장의 주어는 '문이'입니다. '문'은 '바람'에 의해 '닫히게 된' 상황에 있으므로, 피동 표현 '닫혔다'를 쓰는 것이 적절합니다.

   4 이 문장의 주어는 '사슴이'입니다. '사슴'은 사자에게 '쫓기게 된' 상황에 있으므로, 피동 표현 '쫓기고'를 쓰는 것이 적절합니다.

7 **1** '붙잡혔다'는 '남성'이 어떤 사람이나 상황에 의해 '잡히게 되었다'는 뜻으로 쓰인 피동 표현입니다.

   2 다른 사람이 어떤 일을 하게 만들었다는 뜻을 가진 표현은 사동 표현입니다. '연루되다'는 '남이 저지른 범죄에 연관이 되다'라는 뜻을 가진 말이므로, 사동 표현이 아닙니다.

   3 ㉠에서 '30대 남성'이 '경찰'에게 '붙잡혔다'고 했으므로, '경찰이'가 주어일 때 같은 상황을 설명하려면 '30대 남성을 붙잡았다'고 해야 합니다.

정답

❶ 빈칸에 알맞은 **사동 표현**을 찾아 ○표 하고,
　○한 말을 넣어 완전한 문장을 쓰세요.

❷ 빈칸에 알맞은 **피동 표현**을 찾아 ○표 하고,
　○한 말을 넣어 완전한 문장을 쓰세요.

1　아이가 연을 (　　).
　　(날다)
　　(날리다)
→　아이가 연을 날리다.

1　꽃이 바람에 (　　).
　　(꺾다)
　　(꺾이다)
→　꽃이 바람에 꺾이다.

2　아빠가 아이의 옷을 (　　).
　　(입다)
　　(입히다)
→　아빠가 아이의 옷을 입히다.

2　갑자기 연락이 (　　).
　　(끊다)
　　(끊기다)
→　갑자기 연락이 끊기다.

3　혜림이가 동생을 (　　).
　　(웃다)
　　(웃기다)
→　혜림이가 동생을 웃기다.

3　돌이 쌀에 (　　).
　　(섞다)
　　(섞이다)
→　돌이 쌀에 섞이다.

❸ 주어가 '시키는/하게 만드는' 뜻이 되도록
　알맞은 **사동 표현**을 사용해 문장을 완성하세요.

1　소희가 청소를 **맡았다**.
　→ 선생님께서 소희에게 청소를 ┌ 맡기셨다 ┐.

2　병에 **우유가** 가득 **찼다**.
　→ 내가 병에 ┌ 우유를 ┐ 가득 ┌ 채웠다 ┐.

3　**쓰레기통이** 깨끗하게 **비었다**.
　→ 연우가 ┌ 쓰레기통을 ┐ 깨끗하게 ┌ 비웠다 ┐.

(해설 참조)

❹ 주어가 '당하는/하게 되는' 뜻이 되도록
　알맞은 **피동 표현**을 사용해 문장을 바꾸어 쓰세요.

1　창문을 세게 닫다. → 창문이 ┌ 세게 닫히다 ┐.

2　생필품을 팔다. → 생필품이 ┌ 팔리다 ┐.

3　모기가 개를 물었다. → ┌ 개가 모기에 물렸다 ┐.

(해설 참조)

해설

❶ 1 '날리다'는 '아이'가 '연'을 '날게 만들었다'는 뜻으로 쓰인 사동 표현입니다.

2 '입히다'는 '아빠'가 '아이의 옷'을 '입게 만들었다'는 뜻으로 쓰인 사동 표현입니다.

3 '웃기다'는 '혜림이'가 '동생'을 '웃게 만들었다'는 뜻으로 쓰인 사동 표현입니다.

❷ 1 '꺾이다'는 '꽃'이 바람에 의해 '꺾이게 되다'라는 뜻으로 쓰인 피동 표현입니다.

2 '끊기다'는 '연락'이 다른 사람이나 상황에 의해 '끊기게 되다'라는 뜻으로 쓰인 피동 표현입니다.

3 '섞이다'는 '돌'이 다른 사람이나 상황에 의해 '섞이게 되다'라는 뜻으로 쓰인 피동 표현입니다.

❸ 1 이 문장의 주어는 '선생님께서'입니다. '선생님'이 '시키는/하게 만드는' 뜻의 문장이 되려면 '맡았다'의 사동 표현 '맡기셨다'를 써서 문장을 완성합니다.

2 이 문장의 주어는 '내가'입니다. '나'가 '시키는/하게 만드는' 뜻의 문장이 되려면 '찼다'의 사동 표현 '채웠다'를 써야 합니다. 또 사동 표현이 쓰인 문장에서 '우유'는 주어가 아니라 동작 '채웠다'의 대상

이 되는 말이므로, '우유가'는 '우유를'로 고쳐 쓰는 것이 적절합니다.

3 이 문장의 주어는 '연우가'입니다. '연우'가 '시키는/하게 만드는' 뜻의 문장이 되려면 '비었다'의 사동 표현 '비웠다'를 써야 합니다. 또 사동 표현이 쓰인 문장에서 '쓰레기통'은 주어가 아니라 동작 '비웠다'의 대상이 되는 말이므로, '쓰레기통이'는 '쓰레기통을'로 고쳐 쓰는 것이 적절합니다.

❹ 1 주어가 '당하는/하게 되는' 뜻의 문장이 되려면 서술어 '닫다'의 피동 표현 '닫히다'를 써야 합니다. 이때 '닫히는' 것은 '창문'이므로 주어는 '창문이'가 됩니다.

2 주어가 '당하는/하게 되는' 뜻의 문장이 되려면 서술어 '팔다'의 피동 표현 '팔리다'를 써야 합니다. 이때 '팔리는' 것은 '생필품'이므로 주어는 '생필품이'가 됩니다.

3 주어가 '당하는/하게 되는' 뜻의 문장이 되려면 서술어 '물었다'의 피동 표현 '물렸다'를 써야 합니다. 이때 '물리는' 것은 '개'이므로 주어는 '개가'가 됩니다.

3단원 〈문장의 문법 요소②〉

종결 표현

1 **1** 어떤 내용을 평범하게 전달하는 **2** 질문하는
  3 명령하는 **4** 제안하는
  5 느낌, 감탄 등을 강하게 나타내는
2 **1** ㉢ **2** ㉡ **3** ㉤
3 **1** 맞이하자 **2** 맞이했니 **3** 맞이해라
4 **1** 보관하자 **2** 요약해 **3** 작성했어
5 **1** 평서문 **2** 평서문 **3** 감탄문 **4** 감탄문
6 **1** ㉢ **2** 태희
  3 예) 여름에 맞는 크리스마스라니 정말 신기하구나!
    (해설 참조)

2 **1** 종결 표현 '-니'를 사용한 의문문(질문하는 문장)입니다.
  2 종결 표현 '-자'를 사용한 청유문(제안하는 문장)입니다.
  3 종결 표현 '-다'를 사용한 평서문(어떤 내용을 평범하게 전달하는 문장)입니다.

3 **1** '맞이하자'에는 제안하는 의미의 종결 표현 '-자'가 쓰였습니다.
  2 '맞이했니?'에는 질문하는 의미의 종결 표현 '-니'가 쓰였습니다.
  3 '맞이해라'에는 명령하는 의미의 종결 표현 '-아라/-어라'가 쓰였습니다.

4 **1** 청유문이 되려면 제안하는 의미의 종결 표현 '-자' 등을 써서 '보관하자'와 같이 나타내야 합니다.
  2 명령문이 되려면 명령하는 의미의 종결 표현 '-아/-어' 등을 써서 '요약해'와 같이 나타내야 합니다.
  3 의문문이 되려면 질문하는 의미의 종결 표현 '-어' 등을 써서 '작성했어?'와 같이 나타내야 합니다.

5 **1** '예상했다'에는 어떤 내용을 평범하게 전달하는 의미의 종결 표현 '-다'가 쓰였습니다.
  2 '잃었다'에는 어떤 내용을 평범하게 전달하는 의미의 종결 표현 '-다'가 쓰였습니다.
  3 '작품이군'에는 느낌이나 감탄 등을 강하게 나타내는 의미의 종결 표현 '-군'이 쓰였습니다.
  4 '결승전이구나'에는 느낌이나 감탄 등을 강하게 나타내는 의미의 종결 표현 '-구나'가 쓰였습니다.

6 **1** '있나요'에는 질문하는 의미의 종결 표현 '-나(요)'가 쓰였습니다. 반면 나머지 보기에는 모두 어떤 의미를 평범하게 전달하는 의미의 종결 표현 '-다'가 쓰였습니다.
  2 ㉤에는 느낌이나 감탄을 나타내는 의미의 종결 표현이 쓰였습니다. 규현이는 어떤 내용을 평범하게 전달하는 의미의 종결 표현 '-다'를 사용하였습니다.
  3 '-군', '-구나' 등 감탄을 나타내는 종결 표현을 사용하여, 지문의 내용과 연관된 자신의 느낌을 바른 문장으로 썼을 경우 정답으로 인정합니다.

정답

❶ 빈칸에 가장 알맞은 **종결 표현**을 찾아 ○표 하고, ○한 말을 넣어 완전한 문장을 쓰세요.

❷ 주어진 문장은 모두 평서문입니다.
조건에 맞도록 알맞은 **종결 표현**을 사용해 문장을 고쳐 쓰세요.

1 우리는 부산으로 여행을 떠났다.

청유문 → 우리 부산으로 여행을 [떠나자].

2 유리가 종이비행기를 접었다.

의문문 → 유리가 종이비행기를 [접었니] ?

3 서진이는 그림을 잘 그린다.

감탄문 → 서진이는 그림을 잘 [그리는구나] !

(해설 참조)

❸ 주어진 단어 2개를 모두 활용하여, 조건에 맞는 문장을 쓰세요.

1 (숙소, 예약하다) → [숙소를 예약해라] .
                        (명령하는 종결 표현)

2 (연극, 관람하다) → [연극을 관람하자] .
                        (제안하는 종결 표현)

3 (바람, 썰렁하다) → [바람이 썰렁하다] .
                        (내용을 평범하게 전달하는 종결 표현)

(해설 참조)

해설

❶ 1 문맥상 질문하는 내용이 어울리는 문장입니다. 따라서 질문하는 의미의 종결 표현 '-니'를 쓰는 것이 적절합니다.

2 문맥상 함께하자고 제안하는 내용이 어울리는 문장입니다. 따라서 제안하는 의미의 종결 표현 '-자'를 쓰는 것이 적절합니다.

3 문맥상 명령하는 내용이 어울리는 문장입니다. 따라서 명령하는 의미의 종결 표현 '-아라/-어라'를 쓰는 것이 적절합니다.

4 '파랗다'는 상태나 성질을 나타내는 형용사입니다. 형용사에는 제안하는 의미의 종결 표현 '-자'가 쓰일 수 없습니다.

5 '멋지다'는 상태나 성질을 나타내는 형용사입니다. 형용사에는 제안하는 의미의 종결 표현 '-자'가 쓰일 수 없습니다.

6 문맥상 질문하는 내용이 어울리는 문장입니다. 따라서 질문하는 의미의 종결 표현 '-니'를 쓰는 것이 적절합니다.

❷ 1 '떠나다'에 제안하는 의미의 종결 표현 '-자', '-ㅂ시다' 등을 사용하여 '떠나자', '떠납시다' 등으로 고쳐 쓰면 정답으로 인정합니다.

2 '접다'에 질문하는 의미의 종결 표현 '-니', '-어' 등을 사용하여 '접었니', '접었어' 등으로 고쳐 쓰면 정답으로 인정합니다.

3 '그리다'에 감탄하는 의미의 종결 표현 '-군', '-구나' 등을 사용하여 '그리는군', '그리는구나' 등으로 고쳐 쓰면 정답으로 인정합니다.

❸ 1 '예약하다'에 명령하는 의미의 종결 표현 '-아라/-어라', '-아/-어' 등을 사용하여, '숙소를 예약해라', '숙소를 예약해' 등을 쓰면 정답으로 인정합니다.

2 '관람하다'에 제안하는 의미의 종결 표현 '-자', '-ㅂ시다' 등을 사용하여, '연극을 관람하자', '연극을 관람합시다' 등을 쓰면 정답으로 인정합니다.

3 '썰렁하다'에 어떤 내용을 평범하게 전달하는 종결 표현 '-다', '-어' 등을 사용하여, '썰렁하다', '썰렁해' 등을 쓰면 정답으로 인정합니다.

3단원 〈문장의 문법 요소②〉

문장의 호응

1 **1~2** 주어와 서술어, 호응하지 않는

2 **1~2** 부사어와 서술어, 호응하지 않는

3 생략, 호응하지 않는

4 **1** 결코 **2** 별로 **3** 들렸다 **4** 되는 것이다

5 **1** 아니다 **2** 낮다 **3** 적었다 **4** 가볍다

6 **1** 없어도 **2** 않았다면 **3** 길이라도 **4** 농구하기다

7 **1** ○ **2** X **3** X **4** ○

8 **1** 무찌른 **2** ⓒ: 결코 ⓔ: 아무리

　　3 예) 전투를 포기했다면 조선은 큰 위기를 맞았을 거야.
　　　　(해설 참조)

(해설)

4 **1** '결코'는 뒤에 부정 표현이 오는 부사어입니다.

　　2 '별로'는 뒤에 부정 표현이 오는 부사어입니다.

　　3 이 문장의 주어는 '소리가'입니다. 소리는 생물이 아니므로, 직접 '듣는' 것이 아닌 '들리는' 것입니다. 따라서 '들었다'는 주어와 호응하지 않습니다.

　　4 이 문장의 주어는 '꿈은'입니다. 배우가 '되고 싶은' 주체는 '나'이지 '내 꿈'이 아니므로, '되고 싶다'는 주어와 호응하지 않습니다.

5 **2** 이 문장의 주어는 '기온이'로, '기온'은 대기 온도의 높고 낮은 정도를 의미합니다. 따라서 '낮다'와 호응합니다.

　　4 이 문장의 주어는 '무게가'로, '무게'는 가볍고 무거운 정도를 의미합니다. 따라서 '가볍다'와 호응합니다.

6 **1** '아무리'는 뒤에 '-아도/-어도'가 오는 부사어입니다. 따라서 '없어도'와 호응합니다.

　　2 '만약'은 뒤에 '-(으)면'이 오는 부사어입니다. 따라서 '않았다면'과 호응합니다.

　　3 '비록'은 뒤에 '-ㄹ지라도/-지마는'이 오는 부사어입니다. 따라서 '길이라도'와 호응합니다.

　　4 이 문장의 주어는 '취미는'입니다. '취미는'에 호응하는 서술어는 '농구하기다'입니다.

7 **2** 이 문장의 주어는 '목표는'이므로, 서술어 '읽고 싶다'는 주어와 호응하지 않습니다. '읽고 싶다'를 '읽는 것이다' 등으로 고치거나, '나의 목표는'을 '나는' 등으로 고쳐 써야 합니다.

　　3 이 문장의 서술어는 '수확하신다'입니다. '수확하다'는 목적어를 필요로 하는 말인데, 이 문장에는 필수 성분인 목적어가 생략되어 있습니다. 목적어가 없으면 무엇을 수확한다는 것인지 알 수 없기 때문에, 문장이 호응하지 않습니다.

8 **1** 이 문장의 주어는 '명량 대첩은'이므로, 서술어 '무찔렀다'는 주어와 호응하지 않습니다. 고친 문장에서 문장의 호응이 바르게 되도록 서술어를 '전투이다'로 바꾸었으므로, 빈칸에는 '전투이다'를 꾸며 줄 수 있도록 '무찔렀다'를 '무찌른'으로 고쳐 쓰는 것이 적절합니다.

　　2 ⓒ 뒤에 부정 표현 '포기하지 않았다'가 나타나 있으므로, 뒤에 부정 표현이 오는 부사어 '결코'를 ⓒ에 쓰는 것이 적절합니다. 또 ⓔ 뒤에 '상황이라도'가 나타나 있으므로, 뒤에 '-아도/-어도'가 오는 부사어 '아무리'를 ⓔ에 쓰는 것이 적절합니다.

　　3 '만약'은 뒤에 '-(으)면'이 오는 부사어입니다. 따라서 '-(으)면'의 형태를 사용하여, 연주의 말에 자연스럽게 연결되는 내용을 떠올려 썼을 경우 정답으로 인정합니다.

정답

❶ 주어와 서술어가 호응하는 말을 찾아
　○표 하고, ○한 말을 넣어 완전한 문장을
　쓰세요.

❷ 부사어와 서술어가 호응하는 말을 찾아
　○표 하고, ○한 말을 넣어 완전한 문장을
　쓰세요.

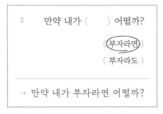

❸ 문장의 호응이 바르게 되도록
　밑줄 친 말을 고쳐 쓰세요.

1　생크림의 단점은 보관이 **힘들다**.

　　→ 생크림의 단점은 보관이 [힘들다는 것이다].

2　아무리 **당황하지만** 거짓말은 하지 마.

　　→ 아무리 [당황해도] 거짓말은 하지 마.

3　**리코더**와 피아노를 치다.

　　→ 리코더[를 불고] 피아노를 치다.

(해설 참조)

❹ 문장의 호응이 바르게 되도록
　알맞은 말을 써서 문장을 완성하세요.

1　나는 치킨을 그다지 [좋아하지 않는다].

2　우리 형의 장점은 [친절하다는 것이다].

3　하영이의 목표는 [과학자가 되는 것이다].

(해설 참조)

해설

❶
1 이 문장의 주어는 '앞이'입니다. '앞'은 생물이 아니므로, 직접 '보는' 것이 아니라 '보이는' 것입니다. 따라서 '보이다'와 호응합니다.

2 이 문장의 주어는 '길이가'로, '길이'는 길고 짧은 정도를 의미합니다. 따라서 '짧다'와 호응합니다.

3 이 문장의 주어는 '체온이'로, '체온'은 몸 온도의 높고 낮은 정도를 의미합니다. 따라서 '높다'와 호응합니다.

❷
1 '별로'는 뒤에 부정 표현이 오는 부사어입니다. 따라서 '좋지 않다'를 쓰는 것이 적절합니다.

2 '만약'은 뒤에 '-(으)면'이 오는 부사어입니다. 따라서 '부자라면'을 쓰는 것이 적절합니다.

3 빈칸 뒤에 부정 표현 '예상하지 못했다'가 나타나 있으므로, 뒤에 부정 표현이 오는 부사어 '전혀'를 쓰는 것이 적절합니다.

❸
1 이 문장의 주어는 '단점은'이므로, 서술어 '힘들다'는 주어와 호응하지 않습니다. '힘들다'를 '힘들다는 것이다' 등으로 고쳐 쓰는 것이 적절합니다.

2 '아무리'는 뒤에 '-아도/-어도'가 오는 부사어입니다. 따라서 '당황하지만'을 '당황해도' 등으로 고쳐 쓰는 것이 적절합니다.

3 '치다'는 '피아노'와는 호응하지만, '리코더'와는 호응하지 않는 서술어입니다. 따라서 '리코더를 불고 피아노를 치다'로 고쳐 쓰는 것이 적절합니다.

❹
1 '그다지'는 뒤에 부정 표현이 오는 부사어입니다. '나는 치킨을 그다지'에 자연스럽게 연결되면서, 부정 표현이 나타난 서술어를 떠올려 썼을 경우 정답으로 인정합니다.

2 이 문장의 주어는 '장점은'이므로, '-하다는 것이다/점이다' 등 주어와 호응하는 서술어를 떠올려 썼을 경우 정답으로 인정합니다.

3 이 문장의 주어는 '목표는'이므로, '-하는 것이다', '-하기이다' 등 주어와 호응하는 서술어를 떠올려 썼을 경우 정답으로 인정합니다.

4단원 〈관용 표현〉

관용어

1   **1** 사이가 틀어지다   **2** 마음이나 의견이 서로 맞다
    3 힘든 일을 헤쳐 나가려고 굳게 결심하다

2   **1** 재미나 의욕이 없어지다
    2 어떤 행사나 일을 시작하다
    3 어떤 일 때문에 고통을 겪다

3   **1** X   **2** ○   **3** ○   **4** X

4   **1** 눈   **2** 손   **3** 발   **4** 입

5   **1** ○   **2** ○   **3** ○

6   **1** 금이 가고   **2** 손꼽아   **3** 막을 열고   **4** 이를 악물고

7   **1** ㉣   **2** ㉤
    3 (가)의 관용어: 손발 맞는
      예) 나는 내 동생과 손발이 잘 맞는다. (해설 참조)

---

3   **2**   이 문장에서 '간이 떨어지다'는 본래 단어 그대로의 뜻이 아니라, '순간 몹시 놀라다'의 뜻으로 쓰였습니다. 따라서 이 말은 관용어입니다.

    3   이 문장에서 '애간장이 타다'는 본래 단어 그대로의 뜻이 아니라, '몹시 초조하고 걱정되다'의 뜻으로 쓰였습니다. 따라서 이 말은 관용어입니다.

4   **4**   '입에 담다'는 '무엇에 대해 말하다'라는 뜻을 가진 관용어입니다.

5   **1**   '거리낌 없이 아주 쉽게 하다'라는 뜻을 가진 관용어는 '식은 죽 먹듯'입니다.

    2   '정신이 갑자기 들다'라는 뜻을 가진 관용어는 '눈이 번쩍 뜨이다'입니다.

    3   '몹시 초조하고 걱정되다'라는 뜻을 가진 관용어는 '애간장이 타다'입니다.

6   **1**   문맥상 '형제의 우애'와 어울리는 의미의 관용어가 들어가야 합니다. '금이 가다'는 '사이가 틀어지다'라는 뜻을 가진 관용어이므로, 이 내용에 자연스럽게 연결됩니다.

    2   문맥상 '사촌 동생을 만날 날'에 어울리는 의미의 관용어가 들어가야 합니다. '손꼽아 기다리다'는 '기대에 차 날짜를 꼽으며 기다리다'라는 뜻을 가진

관용어이므로, 이 내용에 자연스럽게 연결됩니다.

    3   문맥상 '월드컵'에 어울리는 의미의 관용어가 들어가야 합니다. '막을 열다'는 '어떤 행사나 일을 시작하다'라는 뜻을 가진 관용어이므로, 이 내용에 자연스럽게 연결됩니다.

    4   문맥상 '결승선을 향해 뛰었다'에 어울리는 의미의 관용어가 들어가야 합니다. '이를 악물다'는 '힘든 일을 헤쳐 나가려고 굳게 결심하다'라는 뜻을 가진 관용어이므로, 이 내용에 자연스럽게 연결됩니다.

7   **1**   관용어는 둘 이상의 말이 합쳐져 원래의 뜻과 다른 새로운 의미로 쓰이는 것을 말합니다. '영광스러운 우승컵'에는 본래 단어 그대로의 뜻과 다른 새로운 의미가 나타나 있지 않습니다.

    2   주어진 글에서 승부차기는 '매우 긴장되는 순간'이라는 설명이 나와 있습니다. 따라서 '몹시 초조하고 걱정되다'라는 뜻을 가진 관용어 '애간장이 타다'가 내용에 자연스럽게 연결됩니다.

    3   '마음이나 의견 등이 서로 맞다'라는 뜻을 가진 관용어인 '손발이 맞다'가 나타나 있습니다. 따라서 '손발이 맞다'가 이 의미로 사용된 문장을 떠올려 썼을 경우 정답으로 인정합니다.

정답

❶ 빈칸에 알맞은 **관용어**를 찾아 ○표 하고, ○한 말을 넣어 완전한 문장을 쓰세요.

1　수학 시험을 ( ).

(손이 맵다)
(죽을 쑤다)

→ 수학 시험을 죽을 쑤다.

4　옷이 ( ) 않는다.

(막을 열지)
(눈에 차지)

→ 옷이 눈에 차지 않는다.

2　생일을 ( ) 기다리다.

(손꼽아)
(금이 가)

→ 생일을 손꼽아 기다리다.

5　놀라서 ( ) 뻔했네.

(입에 담을)
(간 떨어질)

→ 놀라서 간 떨어질 뻔했네.

3　돈을 ( ) 쓰다.

(물 쓰듯)
(애간장이 타게)

→ 돈을 물 쓰듯 쓰다.

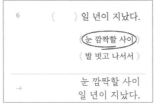

6　( ) 일 년이 지났다.

(눈 깜짝할 사이)
(발 벗고 나서서)

→ 눈 깜짝할 사이
일 년이 지났다.

❷ 주어진 상황에 맞는 **관용어**를 떠올려,
빈칸에 알맞은 말을 쓰세요.

1　월드컵 날짜를 확인하며 기다리는 중인 태형이

→ 태형이는 월드컵을　손꼽아 기다렸다.

2　주변에 친한 사람이 많은 지원이

→ 지원이는　발이 넓다　.

3　순간 정신이 번쩍 든 유주

→ 유주는 순간 눈이　번쩍 뜨였다　.

(해설 참조)

❸ 주어진 **관용어**와 자연스럽게 연결되도록 문장을 완성하세요.

1　수학 올림피아드　의 막이 열렸다.

2　나는 천하를 얻은 듯　기뻐했다　.

3　우리 남매는　손발이 잘 맞는다.

(해설 참조)

해설

❶　1　'죽을 쑤다'는 '어떤 일을 망치거나 실패하다'라는 뜻을 가진 관용어입니다.

　2　'손꼽아 기다리다'는 '기대에 차 날짜를 꼽으며 기다리다'라는 뜻을 가진 관용어입니다.

　3　'물 쓰듯'은 '물건을 헤프게 쓰거나, 돈 따위를 흥청망청 낭비하다'라는 뜻을 가진 관용어입니다.

　4　'눈에 차다'는 '흡족하게 마음에 들다'라는 뜻을 가진 관용어입니다.

　5　'간이 떨어지다'는 '순간 몹시 놀라다'라는 뜻을 가진 관용어입니다.

　6　'눈 깜짝할 사이'는 '매우 짧은 순간'이라는 뜻을 가진 관용어입니다.

❷　1　태형이가 '날짜를 확인하며 기다리는 중'이라고 했으므로, '기대에 차 날짜를 꼽으며 기다리다'라는 뜻을 가진 말인 '손꼽아 기다리다'가 상황에 어울리는 관용어입니다.

　2　지원이가 '주변에 친한 사람이 많다'라고 했으므로, '사귀어 아는 사람이 많다'라는 뜻을 가진 말인 '발이 넓다'가 상황에 어울리는 관용어입니다.

　3　유주가 '순간 정신이 번쩍 들었다'고 했으므로, '정신이 갑자기 들다'라는 뜻을 가진 말인 '눈이 번쩍 뜨이다'가 상황에 어울리는 관용어입니다.

❸　1　'막을 열다'는 '어떤 행사나 일을 시작하다'라는 뜻을 가진 관용어입니다. 이 뜻에 자연스럽게 연결되는 말을 떠올려 썼을 경우 정답으로 인정합니다.

　2　'천하를 얻은 듯'은 '매우 기쁘고 만족스럽다'라는 뜻을 가진 관용어입니다. 이 뜻에 자연스럽게 연결되는 말을 떠올려 썼을 경우 정답으로 인정합니다.

　3　'손발이 맞다'는 '마음이나 의견 등이 서로 맞다'라는 뜻을 가진 관용어입니다. 이 뜻에 자연스럽게 연결되는 말을 떠올려 썼을 경우 정답으로 인정합니다.

4단원 〈관용 표현〉

속담

1 **1** 일이 잘못된 뒤에 손을 써도 소용없다

　　2 무슨 일이든 시작이 중요하다

　　3 말은 순식간에 퍼지므로 조심해야 한다

2 **1** 작은 것도 모이면 나중에 큰 것이 된다

　　2 기본적인 것보다 덧붙이는 게 크다

　　3 사람의 긴밀한 관계

3 **1** X **2** X **3** ○

4 **1** 말 **2** 하나 **3** 쥐

5 **1** ㉢ **2** ㉠ **3** ㉠

6 **1** ○ **2** ○ **3** X

7 **1** 콩, 팥 **2** '대나무에서 대 난다.'에 ○

　　3 예) 은서는 운동을 열심히 해서 건강하다. (해설 참조)

해설

3 **1** '백지장도 맞들면 낫다'는 '쉬운 일이라도 함께 힘을 모으면 훨씬 쉽다'는 뜻을 가진 속담입니다.

　　2 '천 리 길도 한 걸음부터'는 '무슨 일이든 시작이 중요하다'는 뜻을 가진 속담입니다.

4 **1** '가는 말이 고와야 오는 말이 곱다'는 '자기가 남에게 말이나 행동을 좋게 하여야 남도 자기에게 좋게 한다'는 뜻을 가진 속담입니다.

　　2 '하나만 알고 둘은 모른다'는 '사물의 한 측면만 보고 두루 보지 못한다'는 뜻을 가진 속담입니다.

　　3 '고양이 앞에 쥐'는 '무서운 사람 앞에서 설설 기면서 꼼짝 못한다'는 뜻을 가진 속담입니다.

5 **1** '하나를 보고 열을 안다'는 '일부만 보고 전체를 미루어 안다'는 뜻을 가진 속담입니다. 따라서 '계산을 못하는 것을 보니 수학을 못할 것이다'라는 내용에 어울리는 표현입니다.

　　2 '바늘 가는 데 실 간다'는 '사람의 긴밀한 관계'를 나타내는 속담입니다. 따라서 '사이가 무척 좋아서 하루 종일 붙어 다닌다'라는 내용에 어울리는 표현입니다.

3 '까마귀 고기를 먹었나'는 '잘 잊어버리는 사람을 나무라는 말'을 나타내는 속담입니다. 따라서 '방금 전 읽은 책의 제목이 기억나지 않았다'라는 내용에 어울리는 표현입니다.

6 **3** '곁들여 먹는 샐러드가 밥보다 비싸다'고 했으므로, '기본적인 것보다 덧붙이는 게 크다'는 뜻을 가진 속담인 '배보다 배꼽이 더 크다'와 어울리는 상황입니다. '낮말은 새가 듣고 밤말은 쥐가 듣는다'는 '아무도 안 듣는 데서라도 말조심해야 한다'는 뜻을 가진 속담입니다.

7 **1** ㉠에 이어진 '콩을 심은 곳에 팥이 날 리 없고, 팥을 심은 곳에 콩이 날 리 없다'는 말로 미루어 보아, '콩'과 '팥'을 차례로 쓰는 것이 적절합니다.

　　2 '모든 일은 원인에 따라 거기에 걸맞은 결과가 나타난다'는 뜻을 가진 속담을 골라야 합니다. '가재는 게 편'은 '모양이나 형편이 서로 비슷한 것끼리 잘 어울리고 감싸 주기 쉬움'을 뜻하는 속담입니다.

　　3 '모든 일은 원인에 따라 거기에 걸맞은 결과가 나타난다'는 뜻과 어울리는 상황을 한 가지 떠올려, <예시>와 같이 완결된 문장을 썼을 경우 정답으로 인정합니다.

정답

① 빈칸에 알맞은 말을 찾아 ○표 하고, ○한 말을 넣어 완전한 **속담**을 쓰세요.

1 천 리 ( )도 한 걸음부터.
(말)
(길)
→ 천 리 길도 한 걸음부터.

4 고양이 앞에 ( ).
(소)
(쥐)
→ 고양이 앞에 쥐.

2 가재는 ( ) 편.
(게)
(새우)
→ 가재는 게 편.

5 하나를 보고 ( )을 안다.
(일)
(열)
→ 하나를 보고 열을 안다.

3 ( ) 고기를 먹었나.
(비둘기)
(까마귀)
→ 까마귀 고기를 먹었나.

6 배보다 ( )이 더 크다.
(배꼽)
(가슴)
→ 배보다 배꼽이 더 크다.

② 주어진 상황에 맞는 **속담**을 떠올려, 빈칸에 알맞은 말을 쓰세요.

1 팔씨름 왕인 삼촌에게 시합을 신청한 5살 민재
→ 하룻강아지 범 무서운 줄 모른다.

2 친구에게 나쁜 말을 했다가 똑같이 돌려받은 영우
→ 가는 말이 고와야 오는 말이 곱다 .

3 매번 사업에 실패했다가 복권에 당첨된 고모부
→ 쥐구멍에도 볕 들 날 있다.

(해설 참조)

③ 바른 **속담**이 되도록 빈칸에 알맞은 말을 쓰세요.

1 소 잃고 외양간 고친다 .

2 쇠뿔도 단김에 빼라 .

3 바늘 가는 데 실 간다 .

(해설 참조)

해설

① **1** '천 리 길도 한 걸음부터'는 '무슨 일이든 시작이 중요하다'는 뜻을 가진 속담입니다.

2 '가재는 게 편'은 '모양이나 형편이 서로 비슷한 것끼리 잘 어울리고 감싸 주기 쉬움'을 뜻하는 속담입니다.

3 '까마귀 고기를 먹었나'는 '잘 잊어버리는 사람을 나무라는 말'을 나타내는 속담입니다.

4 '고양이 앞에 쥐'는 '무서운 사람 앞에서 설설 기면서 꼼짝 못한다'는 뜻을 가진 속담입니다.

5 '하나를 보고 열을 안다'는 '일부만 보고 전체를 미루어 안다'는 뜻을 가진 속담입니다.

6 '배보다 배꼽이 더 크다'는 '기본적인 것보다 덧붙이는 게 크다'는 뜻을 가진 속담입니다.

② **1** '하룻강아지 범 무서운 줄 모른다'는 '철없이 함부로 덤비는 경우'를 뜻합니다. 따라서 5살 어린이가 팔씨름 왕인 삼촌에게 시합을 신청한 상황에 어울리는 속담입니다.

2 '가는 말이 고와야 오는 말이 곱다'는 '자기가 남에게 말이나 행동을 좋게 하여야 남도 자기에게 좋게 한다'라는 뜻입니다. 따라서 친구에게 나쁜 말을 했

다가 똑같이 돌려받은 영우의 상황에 어울리는 속담입니다.

3 '쥐구멍에도 볕 들 날 있다'는 '몹시 고생하는 삶에도 좋은 운이 들 날이 있다'라는 뜻입니다. 따라서 계속해서 실패만 하다 드디어 좋은 운이 든 고모부의 상황에 어울리는 속담입니다.

③ **1** '소 잃고 외양간 고친다'는 '일이 잘못된 뒤에 손을 써도 소용없다'는 뜻을 가진 속담입니다.

2 '쇠뿔도 단김에 빼라'는 '어떤 일이든 망설이지 않고 행동으로 옮겨야 한다'는 뜻을 가진 속담입니다.

3 '바늘 가는 데 실 간다'는 '사람의 긴밀한 관계'를 나타내는 속담입니다.

5단원 〈우리말 바르게 읽고 쓰기〉

올바른 표기

정답

1 **1** 아니 무겁다, 안 **2** 높지 아니하다, 않다
2 **1** 있으므로, 돼 **2** 없으므로, 되다
3 부치다
4 **1** 안 **2** 않 **3** 되 **4** 돼
5 **1** 닫히다 **2** 느리다 **3** 반드시 **4** 붙이다
6 **1** 과장되어 **2** 늘였다 **3** 안
7 **1** ○ **2** X **3** X **4** ○
8 **1** 않으며 **2** 도은

3 '안'에 ○
예) 방학이 아직 안 끝났다. (해설 참조)

해설

2 **1** '돼'는 '되어'를 줄여 쓴 것입니다. 이 문장은 '안 되어'와 같이 나타낼 수 있으므로, '돼'를 쓰는 것이 적절합니다. '되다'에서 뜻을 가진 부분인 '되-'는 문장의 끝에서 항상 '-어'와 같은 종결 표현과 함께 사용되는데, 문장의 끝에선 주로 '돼'로 줄여 씁니다.

4 **1** '안'은 '아니'를 줄여 쓴 것입니다. 이 문장은 '숙제 아니 했니'와 같이 나타낼 수 있으므로, 빈칸에 '안'을 쓰는 것이 적절합니다.

2 '않'은 '아니하-'를 줄여 쓴 것입니다. 이 문장은 '차갑지 아니하다'와 같이 나타낼 수 있으므로, 빈칸에 '않'을 쓰는 것이 적절합니다.

3 '돼'는 '되어'를 줄여 쓴 것입니다. 이 문장은 '경찰이 되어고 싶어'와 같이 나타낼 수 없으므로, 빈칸에 '되'를 쓰는 것이 적절합니다.

5 **1** 문맥상 '열린 문, 뚜껑 따위가 제자리로 가 막히다'의 뜻으로 쓰였으므로, '닫히다'가 적절합니다.

2 문맥상 '어떤 동작을 하는 데 걸리는 시간이 길다'의 뜻으로 쓰였으므로, '느리다'가 적절합니다.

3 문맥상 '틀림없이 꼭'의 뜻으로 쓰였으므로, '반드시'가 적절합니다.

4 문맥상 '맞닿아 떨어지지 않게 하다'의 뜻으로 쓰였으므로, '붙이다'가 적절합니다.

6 **1** '돼'는 '되어'를 줄여 쓴 것이므로, '돼'에 한 번 더 '-어'를 붙여 쓰는 것은 어색한 표현입니다. 따라서

빈칸에 '과장되어'를 쓰는 것이 적절합니다.

2 문맥상 '본디보다 더 길어지게 하다'의 뜻으로 쓰였으므로, 빈칸에 '늘였다'를 쓰는 것이 적절합니다.

3 '안'은 '아니'를 줄여 쓴 것입니다. 이 문장은 '아니 달려 있으니'와 같이 나타낼 수 있으므로, 빈칸에 '안'을 쓰는 것이 적절합니다.

7 **2** '돼'는 '되어'를 줄여 쓴 것입니다. 이 문장은 '증명되었다'와 같이 나타낼 수 있으므로, '됬'을 '됐'으로 고쳐 쓰는 것이 적절합니다.

3 문맥상 '어떤 일 따위가 끝나다'의 뜻으로 쓰였으므로, '맞히고'를 '마치고'로 고쳐 쓰는 것이 적절합니다.

8 **1** '않'은 '아니하-'를 줄여 쓴 것입니다. ㉠은 '보이지 아니하며'와 같이 나타낼 수 있으므로, '않으며'로 고쳐 쓰는 것이 적절합니다.

2 '돼'는 '되어'를 줄여 쓴 것입니다. ㉡과 ㉢은 '되어는', '되업니다'와 같이 나타낼 수 없으므로, ㉡과 ㉢은 모두 맞는 표기입니다.

3 '안'은 '아니'를 줄여 쓴 것입니다. 이 문장은 '잘 아니 보이네'와 같이 나타낼 수 있으므로, 빈칸에 '안'을 쓰는 것이 적절합니다. '안(아니)'을 바르게 사용하여 완결된 문장을 썼을 경우 정답으로 인정합니다.

정답

❶ 빈칸에 맞춤법상 **올바른 표기**를 찾아 ○표 하고, ○한 말을 넣어 완전한 문장을 쓰세요.

1　아직 밥을 （ ） 먹었다.
　　　　　（안）
　　　　　（않）
→　아직 밥을 안 먹었다.

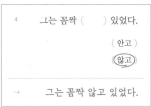

4　그는 꼼짝 （ ） 있었다.
　　　　　（안고）
　　　　　（않고）
→　그는 꼼짝 않고 있었다.

2　나는 화가가 （ ） 싶다.
　　　　　（되고）
　　　　　（돼고）
→　나는 화가가 되고 싶다.

5　난감한 표정이 （ ）.
　　　　　（되다）
　　　　　（돼다）
→　난감한 표정이 되다.

3　（ ） 이겨야 한다.
　　　　　（반드시）
　　　　　（반듯이）
→　반드시 이겨야 한다.

6　알맞은 스티커를 （ ）.
　　　　　（부치세요）
　　　　　（붙이세요）
→　알맞은 스티커를 붙이세요.

❷ 밑줄 친 말을 **맞춤법**에 따라 **올바른 표기**로 고쳐 쓰세요.

1　그는 저녁때가 **되서야** 집에 돌아왔다.
　→　그는 저녁때가 [돼서야] 집에 돌아왔다.

2　우표를 **부친** 뒤 편지를 **붙여라**.
　→　우표를 [붙인] 뒤 편지를 [부쳐라].

3　미리 말을 **않** 하고 가도 **돼니**?
　→　미리 말을 [안] 하고 가도 [되니]?

(해설 참조)

❸ **맞춤법**에 맞는 **올바른 표기**가 되도록 문장을 완성하세요.

1　나는 반드시 [일찍 일어나야 한다].

2　[소매의 길이를] 늘였다.

3　[나는 도서관에 가지] 않았다.

(해설 참조)

해설

❶
1 '안'은 '아니'를 줄여 쓴 것입니다. 이 문장은 '밥을 아니 먹었네'와 같이 나타낼 수 있으므로, 빈칸에 '안'을 쓰는 것이 적절합니다.

2 '돼'는 '되어'를 줄여 쓴 것입니다. 이 문장은 '화가가 되어고 싶다'와 같이 나타낼 수 없으므로, 빈칸에 '되고'를 쓰는 것이 적절합니다.

3 문맥상 '틀림없이 꼭'의 뜻으로 쓰였으므로, 빈칸에 '반드시'를 쓰는 것이 적절합니다.

4 '않'은 '아니하-'를 줄여 쓴 것입니다. 이 문장은 '꼼짝 아니하고'와 같이 나타낼 수 있으므로, 빈칸에 '않고'를 쓰는 것이 적절합니다.

5 '돼'는 '되어'를 줄여 쓴 것입니다. 이 문장은 '표정이 되어다'와 같이 나타낼 수 없으므로, 빈칸에 '되다'를 쓰는 것이 적절합니다.

6 문맥상 '맞닿아 떨어지지 않게 하다'의 뜻으로 쓰였으므로, 빈칸에 '붙이세요'를 쓰는 것이 적절합니다.

❷
1 '돼'는 '되어'를 줄여 쓴 것입니다. 이 문장은 '저녁때가 되어서야'와 같이 나타낼 수 있으므로, '되서야'를 '돼서야'로 고쳐 쓰는 것이 적절합니다.

2 문맥상 '부친'은 '맞닿아 떨어지지 않게 하다'의 뜻으로 쓰였으므로, '붙인'으로 고쳐 쓰는 것이 적절합니다. 또 '붙여라'는 '편지나 물건 따위를 일정한 수단이나 방법을 써서 상대에게 보내다'의 뜻으로 쓰였으므로, '부쳐라'로 고쳐 쓰는 것이 적절합니다.

3 '안'은 '아니'를 줄여 쓴 것입니다. 이 문장은 '말을 아니 하고'와 같이 나타낼 수 있으므로, '않'을 '안'으로 고쳐 쓰는 것이 적절합니다. 또 '돼'는 '되어'를 줄여 쓴 것인데, 이 문장은 '가도 되어니'와 같이 나타낼 수 없습니다. 따라서 '돼니'를 '되니'로 고쳐 쓰는 것이 적절합니다.

❸
1 '반드시'의 뜻 '틀림없이 꼭'에 자연스럽게 연결되도록 말을 떠올려 썼을 경우 정답으로 인정합니다.

2 '늘이다'의 뜻 '본디보다 더 길어지게 하다'에 자연스럽게 연결되도록 말을 떠올려 썼을 경우 정답으로 인정합니다.

3 '않았다(아니했다)'에 자연스럽게 연결되도록 말을 떠올려 썼을 경우 정답으로 인정합니다.

5단원 〈우리말 바르게 읽고 쓰기〉

올바른 발음① 겹받침

정답

1 **1** 첫 번째 자음, [넉] **2** 첫 번째 자음, [언따]
3 첫 번째 자음, [널따] **2** 첫 번째 자음, [가엽따]

2 **1** 두 번째 자음, [낙따] **2** 두 번째 자음, [북따]
3 두 번째 자음, [삼따] **4** 두 번째 자음, [읍쪼리다]

3 **1~3** 첫 번째 자음 **4** 두 번째 자음

4 **1** [삼따] **2** [떨따] **3** [안따] **4** [막따]

5 **1, 4**에 ○

6 **1** 닥 **2** 점따 **3** 기슥 **4** 널따

7 **1** 짤꼬 **2** 첫 번째 자음으로 발음하는 것: ㉠, ㉢
두 번째 자음으로 발음하는 것: ㉡
3 뿌리 업꼬 몸 기리도 더 짤따

해설

3 **1~3** 'ㄳ, ㄾ, ㅄ'은 첫 번째 자음으로 발음하는 겹받침입니다.
4 'ㄺ'은 두 번째 자음으로 발음하는 겹받침입니다.

4 **1, 4** 'ㄻ, ㄺ'은 두 번째 자음으로 발음하는 겹받침이므로, [삼따], [막따]가 올바른 발음입니다.
2, 3 'ㄼ, ㄵ'은 첫 번째 자음으로 발음하는 겹받침이므로, [떨따], [안따]가 올바른 발음입니다.

5 **2** 'ㄻ'은 두 번째 자음으로 발음하는 겹받침이므로, '닮고'는 [담꼬]로 발음하는 것이 적절합니다.
3 'ㄼ'은 첫 번째 자음으로 발음하는 겹받침이므로, '얇게'는 [얄께]로 발음하는 것이 적절합니다.

6 **1** 'ㄺ'은 두 번째 자음으로 발음하는 겹받침이므로, '닭'은 [닥]으로 발음하는 것이 적절합니다.
2 'ㄻ'은 두 번째 자음으로 발음하는 겹받침이므로, '젊다'는 [점따]로 발음하는 것이 적절합니다.
3 'ㄺ'은 두 번째 자음으로 발음하는 겹받침이므로, '기슭'은 [기슥]으로 발음하는 것이 적절합니다.
4 'ㄼ'은 첫 번째 자음으로 발음하는 겹받침이므로, '넓다'는 [널따]로 발음하는 것이 적절합니다.

7 **1** 'ㄼ'은 첫 번째 자음으로 발음하는 겹받침이므로, '짧고'는 [짤꼬]로 발음하는 것이 적절합니다.
2 'ㄼ, ㅄ'은 첫 번째 자음으로 발음하는 겹받침이고, 'ㄺ'은 두 번째 자음으로 발음하는 겹받침입니다.
3 'ㄼ, ㅄ'은 모두 첫 번째 자음으로 발음하는 겹받침이므로, '없고'와 '짧다'는 각각 [업꼬]와 [짤따]로 발음하는 것이 적절합니다.

정답

❶ 빈칸에 들어갈 겹받침이 있는 말의 **올바른 발음**을 찾아 ○표 하고, 완전한 문장을 쓰세요.

1	보름달이 참 ( ).
	(밝다[발따])
	(밝다[박따])
→	보름달이 참 밝다.

2	나는 ( ) 건강하다.
	(젊고[절꼬])
	(젊고[점꼬])
→	나는 젊고 건강하다.

3	시인이 시를 ( ).
	(읊다[을따])
	(읊다[읍따])
→	시인이 시를 읊다 .

4	반죽이 너무 ( ).
	(묽다[물따])
	(묽다[묵따])
→	반죽이 너무 묽다 .

5	옷이 ( ) 않다.
	(얇지[얄찌])
	(얇지[얍찌])
→	옷이 얇지 않다.

6	내 자리에 ( ) 마.
	(앉지[안찌])
	(앉지[안찌])
→	내 자리에 앉지 마.

❷ 밑줄 친 말은 **겹받침**이 있는 말을 소리 나는 대로 쓴 것입니다.
발음을 참고하여 **맞춤법**에 맞게 고쳐 쓰세요.

1 하늘색을 [**열**께] 칠해라.

→ 하늘색을 | 엷게 | 칠해라.

2 개가 빈 그릇을 [**할**꼬] 있다.

→ 개가 빈 그릇을 | 핥고 | 있다.

3 [**갑**또] 싸고, 흠이 [**업**따].

→ | 값도 | 싸고, 흠이 | 없다 | .

(해설 참조)

❸ 주어진 말은 모두 소리 나는 대로 쓴 것으로, 밑줄 친 말에는 **겹받침**이 포함되어 있습니다.
발음을 참고하여 **맞춤법**에 맞게 고쳐 쓰세요.

1 [날씨가 **막**찌 안타.] → 날씨가 | 맑지 | 않다.

2 [**닥**꼬기를 **삼**짜.] → | 닭고기를 삶자 | .

3 [신발 여**덜** 켤레의 **갑**] | 신발 여덟 켤레의 값 |

(해설 참조)

해설

❶ 1 '리'은 두 번째 자음으로 발음하는 겹받침이므로, '밝다'는 [박따]로 발음하는 것이 적절합니다.

2 '래'은 두 번째 자음으로 발음하는 겹받침이므로, '젊고'는 [점꼬]로 발음하는 것이 적절합니다.

3 '래'은 두 번째 자음으로 발음하는 겹받침이므로, '읊다'는 [읍따]로 발음하는 것이 적절합니다. '래'의 두 번째 자음은 'ㅍ'이지만, 우리말에서 받침은 'ㄱ, ㄴ, ㄷ, ㄹ, ㅁ, ㅂ, ㅇ' 7가지로만 발음합니다. 이 중 'ㅍ'의 대표음은 'ㅂ'이므로, [읍따]가 올바른 발음입니다.

4 '리'은 두 번째 자음으로 발음하는 겹받침이므로, '묽다'는 [묵따]로 발음하는 것이 적절합니다.

5 '래'은 첫 번째 자음으로 발음하는 겹받침이므로, '얇지'는 [얄찌]로 발음하는 것이 적절합니다.

6 'ᄡ'은 첫 번째 자음으로 발음하는 겹받침이므로, '앉지'는 [안찌]로 발음하는 것이 적절합니다.

❷ 1 'ㄹ'로 발음할 수 있는 겹받침은 '래, ᆳ, ᆴ, ᆶ' 등이 있습니다. 이 중 문맥상 [열께]의 [열] 자리에 들어갈 수 있는 겹받침은 '래'입니다. 따라서 [열께]를 '엷게'로 고쳐 쓰는 것이 적절합니다.

2 'ㄹ'로 발음할 수 있는 겹받침은 '래, ᆳ, ᆴ, ᆶ' 등이 있습니다. 이 중 문맥상 [할꼬]의 [할] 자리에 들어갈 수 있는 겹받침은 'ᆴ'입니다. 따라서 [할꼬]를 '핥고'로 고쳐 쓰는 것이 적절합니다.

3 'ㅂ'으로 발음할 수 있는 겹받침은 '래, ᆵ, ᄡ'이 있습니다. 이 중 문맥상 [갑또]의 [갑]과 [업따]의 [업] 자리에 들어갈 수 있는 겹받침은 'ᄡ'입니다. 따라서 [갑또]를 '값도'로, [업따]를 '없다'로 고쳐 쓰는 것이 적절합니다.

❸ 1 'ㄱ'으로 발음할 수 있는 겹받침은 'ᆪ, ᆰ'이 있습니다. 이 중 문맥상 [막찌]의 [막] 자리에 들어갈 수 있는 겹받침은 'ᆰ'입니다. 따라서 [막찌]를 '맑지'로 고쳐 쓰는 것이 적절합니다.

2 'ㄱ'으로 발음할 수 있는 겹받침은 'ᆪ, ᆰ'이 있습니다. 이 중 문맥상 [닥꼬기]의 [닥] 자리에 들어갈 수 있는 겹받침은 'ᆰ'입니다. 따라서 [닥꼬기]를 '닭고기'로 고쳐 쓰는 것이 적절합니다. 또 'ㅁ'으로 발음할 수 있는 겹받침은 'ᆱ'입니다. 따라서 [삼짜]를 '삶자'로 고쳐 쓰는 것이 적절합니다.

3 'ㄹ'로 발음할 수 있는 겹받침은 '래, ᆳ, ᆴ, ᆶ' 등이 있습니다. 이 중 문맥상 [여덜]의 [덜] 자리에 들어갈 수 있는 겹받침은 '래'입니다. 따라서 [여덜]을 '여덟'로 고쳐 쓰는 것이 적절합니다. 또 'ㅂ'으로 발음할 수 있는 겹받침은 '래, ᆵ, ᄡ'이 있습니다. 이 중 문맥상 [갑] 자리에 들어갈 수 있는 겹받침은 'ᄡ'입니다. 따라서 [갑]을 '값'으로 고쳐 쓰는 것이 적절합니다.

5단원 〈우리말 바르게 읽고 쓰기〉

올바른 발음②
이중 모음

1　**1** 자음이 첫소리, [너히]
　　2 단어의 첫 글자가 아닌, [상의/상이]
　　3 조사, [그의/그에]　**4** [혜택/혜택]
2　**1** ㅣ　**2** ㅖ　**3** ㅖ　**4** ㅣ
3　**1** [히미]　**2** [차례]　**3** [너에]　**4** [시게]
4　**1, 4**에 ○
5　**1** 회사의, 회사에　**2** 예정　**3** 무니　**4** 주의, 주이
6　**1** 세계, 세게　**2** 서연
　　3 '희망'에 ✔
　　　예) 절대 희망을 버리지 말자. (해설 참조)

해설

2　**1** '흰'에는 'ㅇ'을 제외한 자음이 첫소리인 'ㅢ'가 나타나 있으므로, [힌]으로 발음하는 것이 적절합니다.

　2 '계'에는 '예, 례' 이외의 'ㅖ'가 나타나 있으므로, [계] 또는 [게]로 발음하는 것이 적절합니다.

　3 '그의'의 '의'는 조사이므로, [의] 또는 [에]로 발음하는 것이 적절합니다.

　4 '토의'의 '의'는 단어의 첫 글자가 아닌 '의'이므로, [토의] 또는 [토이]로 발음하는 것이 적절합니다.

3　**1** '희미'에는 'ㅇ'을 제외한 자음이 첫소리인 'ㅢ'가 나타나 있으므로, [히미]로 발음하는 것이 적절합니다.

　2 '예, 례' 이외의 'ㅖ'는 [ㅖ] 또는 [ㅔ]로 발음할 수 있습니다. '례'는 이 예외에 해당하지 않으므로, '차례'는 [차례]로 발음하는 것이 적절하며 [차레]는 틀린 발음입니다.

　3 '너의'의 '의'는 조사이므로, [너의] 또는 [너에]로 발음하는 것이 적절합니다.

　4 '시계'에는 '예, 례' 이외의 'ㅖ'가 나타나 있으므로, [시계] 또는 [시게]로 발음하는 것이 적절합니다.

4　**2** '예, 례' 이외의 'ㅖ'는 [ㅖ] 또는 [ㅔ]로 발음할 수 있습니다. '예'는 이 예외에 해당하지 않으므로, '예절'은 [예절]로 발음하는 것이 적절하며 [에절]은 틀린 발음입니다.

　3 '나의'의 '의'는 조사이므로, [나의] 또는 [나에]로 발음하는 것이 적절합니다. 따라서 [나이]는 틀린 발음입니다.

5　**1** '회사의'의 '의'는 조사이므로, [회사의] 또는 [회사에]로 발음하는 것이 적절합니다.

　2 '예, 례' 이외의 'ㅖ'는 [ㅖ] 또는 [ㅔ]로 발음할 수 있습니다. '예'는 이 예외에 해당하지 않으므로, '예정'은 [예정]으로 발음하는 것이 적절합니다.

　3 '무늬'에는 'ㅇ'을 제외한 자음이 첫소리인 'ㅢ'가 나타나 있으므로, [무니]로 발음하는 것이 적절합니다.

　4 '주의'의 '의'는 단어의 첫 글자가 아닌 '의'이므로, [주의] 또는 [주이]로 발음하는 것이 적절합니다.

6　**1** '세계'에는 '예, 례' 이외의 'ㅖ'가 나타나 있으므로, [세계] 또는 [세게]로 발음하는 것이 적절합니다.

　2 '화폐'에는 '예, 례' 이외의 'ㅖ'가 나타나 있으므로, [화페]로도 발음할 수 있습니다.

　3 '의회'는 이중 모음 발음의 예외 사항에 해당하는 것이 없으므로, 이중 모음 그대로 [의회]와 같이 발음합니다. 하지만 '희망'에는 'ㅇ'을 제외한 자음이 첫소리인 'ㅢ'가 나타나 있으므로, [히망]이 올바른 발음입니다. 따라서 '희망'의 'ㅢ'는 [ㅣ]로 읽을 수 없습니다. '희망'에 ✔한 다음, 이 말을 사용해 완결된 문장을 만들었을 경우 정답으로 인정합니다.

정답

❶ 빈칸에 들어갈 **이중 모음**이 있는 말의 **올바른 발음**을 찾아 ○표 하고, 완전한 문장을 쓰세요.

1	( )에 앉아 있어라.
	(의자[의자])
	(의자[이자])
→	의자에 앉아 있어라.

4	( )바람이 불었다.
	(하늬[하늬])
	(하늬[하니])
→	하늬바람이 불었다.

2	그 ( )는 무시무시해.
	(폐가[패가])
	(폐가[폐가/페가])
→	그 폐가는 무시무시해.

5	이건 ( ) 신발이다.
	(형의[형이])
	(형의[형의/형에])
→	이건 형의 신발이다.

3	이것은 제 ( )입니다.
	(성의[성에])
	(성의[성의/성이])
→	이것은 제 성의입니다.

6	( )대로 줄을 서자.
	(차례[차례])
	(차례[차례/차레])
→	차례대로 줄을 서자.

❷ 밑줄 친 말은 **이중 모음**을 소리 나는 대로 쓴 것입니다.
발음을 참고하여 **맞춤법**에 맞게 고쳐 쓰세요.

1 부모님의 [은헤]에 감사하자.

→ 부모님의 [은혜에] 감사하자.

2 너의 [히생]을 잊지 않겠다.

→ 너의 [희생을] 잊지 않겠다.

3 계절에 맞는 [하이]가 필요하다.

→ 계절에 맞는 [하의가] 필요하다.

(해설 참조)

❸ 주어진 말은 모두 소리 나는 대로 쓴 것으로, 밑줄 친 말에는 **이중 모음**이 포함되어 있습니다. 발음을 참고하여 **맞춤법**에 맞게 고쳐 쓰세요.

1 [힌색 셔츠를 사다.] → [흰색 셔츠를 사다] .

2 [누나에 차례이다.] → [누나의 차례이다] .

3 [지혜로운 게획] → [지혜로운 계획]

(해설 참조)

해설

❶ 1 '의자'는 이중 모음 발음의 예외 사항에 해당하는 것이 없으므로, 이중 모음 그대로 [의자]와 같이 발음합니다.

2 '폐가'에는 '예, 례' 이외의 'ㅖ'가 나타나 있으므로, [폐가] 또는 [페가]로 발음하는 것이 적절합니다.

3 '성의'의 '의'는 단어의 첫 글자가 아닌 '의'이므로, [성의] 또는 [성이]로 발음하는 것이 적절합니다.

4 '하늬'에는 'ㅇ'을 제외한 자음이 첫소리인 'ㅢ'가 나타나 있으므로, [하니]로 발음하는 것이 적절합니다.

5 '형의'의 '의'는 조사이므로, [형의] 또는 [형에]로 발음하는 것이 적절합니다.

6 '예, 례' 이외의 'ㅖ'는 [ㅖ] 또는 [ㅔ]로 발음할 수 있습니다. '례'는 이 예외에 해당하지 않으므로, '차례'는 [차례]로 발음하는 것이 적절합니다.

❷ 1 [ㅔ]로 발음할 수 있는 이중 모음은 '예, 례' 이외의 'ㅖ'나, 조사 '의'입니다. 문맥상 [헤]는 '예, 례' 이외의 'ㅖ'에 해당하므로, [은헤]는 '은혜'로 고쳐 쓰는 것이 적절합니다.

2 [ㅣ]로 발음할 수 있는 이중 모음은 'ㅇ'을 제외한 자음이 첫소리인 'ㅢ'나, 단어의 첫 글자가 아닌 '의'입니다. [히생]의 [히]는 자음 'ㅎ'이 첫소리이므로,

자음이 첫소리인 'ㅢ'입니다. 따라서 [히생]은 '희생'으로 고쳐 쓰는 것이 적절합니다.

3 [ㅣ]로 발음할 수 있는 이중 모음은 'ㅇ'을 제외한 자음이 첫소리인 'ㅢ'나, 단어의 첫 글자가 아닌 '의'입니다. [하이]는 단어의 첫 글자가 아닌 '의'이므로, [하이]는 '하의'로 고쳐 쓰는 것이 적절합니다.

❸ 1 [ㅣ]로 발음할 수 있는 이중 모음은 'ㅇ'을 제외한 자음이 첫소리인 'ㅢ'나, 단어의 첫 글자가 아닌 '의'입니다. [힌색]의 [힌]은 'ㅇ'을 제외한 자음이 첫소리인 'ㅢ'입니다. 따라서 [힌색]은 '흰색'으로 고쳐 쓰는 것이 적절합니다.

2 [ㅔ]로 발음할 수 있는 이중 모음은 '예, 례' 이외의 'ㅖ'나, 조사 '의'입니다. 문맥상 [에]는 조사이므로, [누나에]는 '누나의'로 고쳐 쓰는 것이 적절합니다. 또 [례]에는 이중 모음이 그대로 나타나 있으므로, [차례]는 '차례' 그대로 쓰는 것이 적절합니다.

3 [ㅔ]로 발음할 수 있는 이중 모음은 '예, 례' 이외의 'ㅖ'나, 조사 '의'입니다. 문맥상 [혜]와 [게]는 '예, 례' 이외의 'ㅖ'에 해당합니다. 따라서 [지혜]는 '지혜'로, [게획]은 '계획'으로 고쳐 쓰는 것이 적절합니다.

정답

1단원 〈단어의 체계와 양상〉

밑줄 친 말들 중
주어진 조건에 해당하는 것을 찾아
○표 하고, ○한 말을 활용해
새로운 문장을 만드세요.

예)

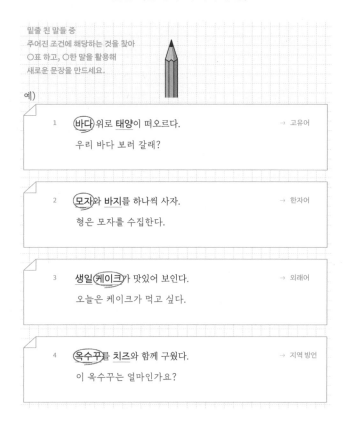

1 (바다) 위로 태양이 떠오르다.   → 고유어
  우리 바다 보러 갈래?

2 (모자)와 바지를 하나씩 사자.   → 한자어
  형은 모자를 수집한다.

3 생일 (케이크)가 맛있어 보인다.   → 외래어
  오늘은 케이크가 먹고 싶다.

4 (옥수꾸)를 치즈와 함께 구웠다.   → 지역 방언
  이 옥수꾸는 얼마인가요?

2단원 〈문장의 문법 요소①〉

빈칸에 들어갈 말을 바르게 쓴 것을 찾아
○표 하고, ○한 말을 사용해
새로운 문장을 만드세요.

예)

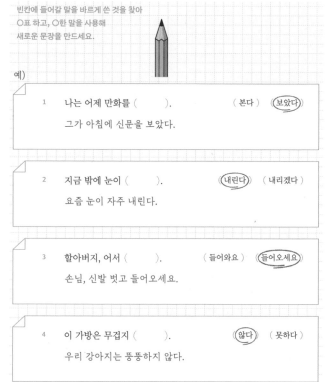

1 나는 어제 만화를 (   ).   (본다) (보았다)
  그가 아침에 신문을 보았다.

2 지금 밖에 눈이 (   ).   (내린다) (내리겠다)
  요즘 눈이 자주 내린다.

3 할아버지, 어서 (   ).   (들어와요) (들어오세요)
  손님, 신발 벗고 들어오세요.

4 이 가방은 무겁지 (   ).   (않다) (못하다)
  우리 강아지는 뚱뚱하지 않다.

해설

2 '모자[帽子]'는 한자를 바탕으로 만들어진 말이므로 한
  자어입니다. '모자'를 사용해 뜻이 자연스럽게 이어지도
  록 문장을 만들어 썼을 경우 정답으로 인정합니다.

3 '케이크(cake)'는 다른 나라 말을 빌려 와서 우리말처럼
  쓰는 말이므로 외래어입니다. '케이크'를 사용해 뜻이
  자연스럽게 이어지도록 문장을 만들어 썼을 경우 정답
  으로 인정합니다.

4 '옥수꾸'는 '옥수수'를 뜻하는 말로, 경기·경상·충청 지
  역에서 사용되는 지역 방언입니다. '옥수꾸'를 사용해
  뜻이 자연스럽게 이어지도록 문장을 만들어 썼을 경우
  정답으로 인정합니다.

2 '지금'이라고 했으므로, 현재 일어나고 있는 일에 대한
  문장입니다. 따라서 현재 시제 '내린다'를 쓰는 것이 적
  절합니다. 이처럼 현재 일어나고 있는 일을 나타낼 수
  있도록 '내린다'를 사용하여, 뜻이 자연스럽게 이어지는
  문장을 만들어 썼을 경우 정답으로 인정합니다.

3 말하는 사람에게 들어오라는 말을 듣고 있는 사람은 '할
  아버지'입니다. 따라서 '들어와요'의 높임 표현 '들어오
  세요'를 쓰는 것이 적절합니다. 이처럼 높임 표현이 적
  절하게 사용될 수 있도록 '들어오세요'를 사용하여, 뜻
  이 자연스럽게 이어지는 문장을 만들어 썼을 경우 정답
  으로 인정합니다.

4 무겁고 가벼운 것은 할 수 있고 없음의 문제가 아니라
  단순한 사실 자체를 나타내는 표현입니다. 따라서 '단순
  히 그렇지 않음'을 나타낸 '무겁지 않다'를 쓰는 것이 적
  절합니다. 이처럼 '단순히 그렇지 않음' 혹은 '하기 싫
  음'의 뜻을 나타내는 부정 표현인 '않다'를 사용하여, 뜻
  이 자연스럽게 이어지도록 문장을 만들어 썼을 경우 정
  답으로 인정합니다.

(정답)

3단원 〈문장의 문법 요소②〉

빈칸에 들어갈 말을 바르게 쓴 것을 찾아
○표 하고, ○한 말을 사용해
새로운 문장을 만드세요.

예)

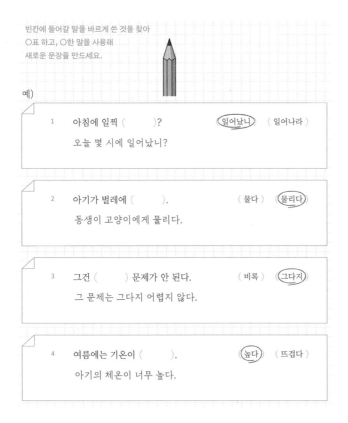

1 아침에 일찍 (   )?   (일어났니) (일어나라)
오늘 몇 시에 일어났니?

2 아기가 벌레에 (   ).   (물다) (물리다)
동생이 고양이에게 물리다.

3 그건 (   ) 문제가 안 된다.   (비록) (그다지)
그 문제는 그다지 어렵지 않다.

4 여름에는 기온이 (   ).   (높다) (뜨겁다)
아기의 체온이 너무 높다.

4단원 〈관용 표현〉

빈칸에 알맞은 말을 찾아 ○표 하고,
○한 관용 표현을 활용해
새로운 문장을 만드세요.

예)

1 (   ) 못할 욕을 하다.   (발이 넓지) (입에 담지)
그런 말을 입에 담아선 안 된다.

2 쓰레기 문제로 (   ).   (눈에 담았다) (몸살을 앓았다)
이 산은 피서객들 때문에 몸살을 앓았다.

3 용돈을 (   ) 써 버렸다.   (물 쓰듯) (바늘 가는 데)
돈을 물 쓰듯 하다 큰일 난다.

4 성공하려면 (   ).   (한 우물만 파라) (고양이 앞에 쥐)
나는 한 우물만 파는 성격이다.

(해설)

2 '물리다'는 '아기'가 '모기'에게 '물리게 되다'라는 뜻이
므로 피동 표현입니다. 이처럼 주어가 '당하는/하게 되
는' 뜻을 나타낼 수 있도록 피동 표현 '물리다'를 사용하
여, 뜻이 자연스럽게 이어지는 문장을 만들어 썼을 경우
정답으로 인정합니다.

3 빈칸 뒤에 부정 표현 '안 된다'가 나타나 있으므로, 뒤에
부정 표현이 오는 부사어 '그다지'를 쓰는 것이 적절합
니다. 이처럼 문장의 호응이 바르게 되도록 '그다지'와
함께 부정 표현을 사용하여, 뜻이 자연스럽게 이어지는
문장을 만들어 썼을 경우 정답으로 인정합니다.

4 이 문장의 주어는 '기온이'로, '기온'은 대기 온도의 높
고 낮은 정도를 의미합니다. 따라서 '높다'와 호응합니
다. 이처럼 문장의 호응이 바르게 되도록 '높다'를 사용
하여, 뜻이 자연스럽게 이어지는 문장을 만들어 썼을 경
우 정답으로 인정합니다.

2 문맥상 '쓰레기 문제로'에 자연스럽게 연결되는 의미의
관용 표현이 들어가야 합니다. '몸살을 앓다'는 '어떤 일
때문에 고통을 겪다'라는 뜻을 가진 관용어이므로, 이
내용에 자연스럽게 연결됩니다. 관용 표현 '몸살을 앓
다'를 활용하여, 뜻이 자연스럽게 이어지는 문장을 만들
어 썼을 경우 정답으로 인정합니다.

3 문맥상 '용돈을 써 버렸다'에 자연스럽게 연결되는 의미
의 관용 표현이 들어가야 합니다. '물 쓰듯'은 '물건을 헤
프게 쓰거나, 돈 따위를 흥청망청 낭비하다'라는 뜻을 가
진 관용어이므로, 이 내용에 자연스럽게 연결됩니다. 관
용 표현 '물 쓰듯'을 활용하여, 뜻이 자연스럽게 이어지는
문장을 만들어 썼을 경우 정답으로 인정합니다.

4 문맥상 '성공하려면'에 자연스럽게 연결되는 의미의 관
용 표현이 들어가야 합니다. '한 우물을 파다'는 '한 가지
일에 몰두하여 끝까지 하다'라는 뜻을 가진 관용어이므
로, 이 내용에 자연스럽게 연결됩니다. 관용 표현 '한 우
물만 파다'를 활용하여, 뜻이 자연스럽게 이어지는 문장
을 만들어 썼을 경우 정답으로 인정합니다.

정답

5단원 〈우리말 바르게 읽고 쓰기〉

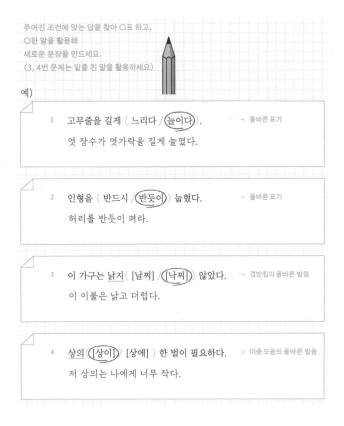

주어진 조건에 맞는 답을 찾아 ○표 하고,
○한 말을 활용해
새로운 문장을 만드세요.
(3, 4번 문제는 밑줄 친 말을 활용하세요)

예)

1 고무줄을 길게 (느리다 / (늘이다)).   → 올바른 표기
　　 엿 장수가 엿가락을 길게 늘였다.

2 인형을 (반드시 / (반듯이)) 눕혔다.   → 올바른 표기
　　 허리를 반듯이 펴라.

3 이 가구는 낡지([날찌] / ([낙찌])) 않았다.   → 겹받침의 올바른 발음
　　 이 이불은 낡고 더럽다.

4 상의(([상이]) / [상에]) 한 벌이 필요하다.   → 이중 모음의 올바른 발음
　　 저 상의는 나에게 너무 작다.

해설

2 문맥상 '물체, 생각이나 행동 따위가 비뚤어지거나 기울
　 지 아니하고 바르게'의 뜻으로 쓰였으므로, 빈칸에 '반
　 듯이'를 쓰는 것이 적절합니다. '반듯이'를 활용해 뜻이
　 자연스럽게 이어지는 문장을 만들어 썼을 경우 정답으
　 로 인정합니다.

3 'ㄺ'은 두 번째 자음으로 발음하는 겹받침이므로, '낡지'
　 는 [낙찌]로 발음하는 것이 적절합니다. '낡다'를 활용해
　 뜻이 자연스럽게 이어지는 문장을 만들어 썼을 경우 정
　 답으로 인정합니다.

4 '상의'의 '의'는 단어의 첫 글자가 아닌 '의'이므로, [상
　 의] 또는 [상이]로 발음하는 것이 적절합니다. '상의'를
　 활용해 뜻이 자연스럽게 이어지는 문장을 만들어 썼을
　 경우 정답으로 인정합니다.

대단원별 단원 평가 문제지는 키출판사 홈페이지 자료실 혹은 표지
뒷면의 QR코드를 통해 다운로드 가능합니다.